知识就在得到

第五消费时代

[日]三浦展
——著——

赵宇菲
—译—

NEWSTAR PRESS
新星出版社

本书赞誉

（以名字拼音为序）

黄碧云 知名商超咨询师

当前中国正处于消费升级的关键转型期，而日本作为亚洲消费模式的先行探索者，其经验对中国消费市场具有重要的借鉴意义。《第五消费时代》深刻剖析了日本消费社会从追求物质到关怀精神、从孤独断裂到共享共生的演变历程，揭示了消费行为背后深层的社会心理变迁，为中国消费市场的创新与转型提供了宝贵的启示。

黄　海 消费投资人

《第五消费时代》不仅是一本关于消费趋势的预测之书，更为商业模式创新提供了富有启发性的思考框架。它提醒我们，在第五消费时代，真正具备生命力的商业模式，必然是那些能够将商业价值与社会价值深度融合、持续为消费者创造幸福感的模式。每一位想要在时代转型期探寻可持续的价值增长路径的商业创新者，都应该深入研读这本书。

马 寅 阿那亚创始人

三浦展先生的代表作《第四消费时代》曾给我带来极大的启发，他的新作《第五消费时代》无疑将再次引发消费研究领域的广泛关注和深入探讨。书中不仅系统解析了未来消费趋势，也对城市建设、街区打造以及商业形态等的演变进行了前瞻性预测。三浦展先生认为，未来的城市发展将超越空间层面的更新，转向更深层次的功能重塑、服务优化与文化赋能。这些洞见，为中国未来的城市发展提供了极具价值的理论参照和实践指引。

沈帅波 财经作家

三浦展先生的新作《第五消费时代》绝非简单的未来趋势报告，而是一把解码未来商业的密钥。《第五消费时代》为消费行业从业者提供了一个全新的视角：未来的商业竞争，不再是价格与规模的比拼，而是从交易导向转向关系构建，从商品售卖转向价值共创。这本书值得每一位消费行业从业者细细研读，它将帮助你洞察趋势，找到破局之道。

张京康 “足力健老人鞋”创始人

三浦展老师的新书《第五消费时代》深刻揭示了未来消费从大众化走向个性化的演变路径。这一趋势分析坚定了我的商业信念：唯有持续深耕银发群体的真实需求，打造更具人文关怀的产品与服务，才能真正契合他们在当下及未来消费时代的核心诉求。强烈推荐大家阅读这本书，相信无论是企业经营者，还是消费趋势研究者，都能从中获得启发，开阔视野，探索商业的新可能。

张文中 **物美集团、多点 DMALL 创始人**

本书前瞻性地提出了“第五消费时代”的概念，指出其核心发展目标是Well-being（可持续的幸福），并建议现代流通企业以Well-being为导向，构建新型商业模式。这一理论对当前正处于深度变革的中国消费市场具有重要的借鉴意义。基于本土市场特征，我们创新性地提出了“五热爱”理念——热爱顾客、热爱自己、热爱家人、热爱同事、热爱伙伴。这与Well-being的理念不谋而合，体现了企业在追求商业成功的同时，更关注人与人之间的连接。本书不仅具有理论深度，更蕴含着丰富的实践价值，值得业界同人深入研读与思考。

推荐序一

在第五消费时代，重构商业的本质

著名商业顾问、润米咨询创始人
刘润

三浦展先生是日本消费研究领域的权威学者，被誉为“日本消费研究第一人”。他通过 40 余年持续追踪日本家庭消费行为的实证研究，为大众了解消费变迁构建了极具参考价值的分析框架。

日本跨越百余年的消费发展史，展示了社会从物质匮乏时代到精神觉醒时代的深刻转变。当我们还在为“流量红利”争论不休时，日本社会已悄然孕育出更具生命力的商业范式——以“创造持久幸福”为内核的第五消费时代。这不仅是一场消费革命，更是一次关于人性本质的集体觉醒。三浦展先生的新作《第五消费时代》仿佛一面镜子，不仅映照出日本社会的消费变迁，某种程度上也折射出了中国商业在未来的一种可能的演进轨迹。

中国消费社会的升维革命：从物质丰裕到精神觉醒

三浦展先生将日本消费社会划分为五个阶段：第一消费时代

（1912 年—1937 年）的“中产萌芽”，第二消费时代（1945 年—1974 年）的“家庭中心”，第三消费时代（1975 年—1997 年）的“个性彰显”，第四消费时代（1998 年—2020 年）的“共享价值”，直到当下的第五消费时代（2021 年—2043 年）的“幸福追寻”。这种划分不仅是时间维度的切割，更是人性需求的进化图谱。

东京银座的日常场景浓缩了这一变迁：年轻人在共享办公空间里工作，穿着优衣库的基础款服装，午餐选择便利店的小份便当，下班后走进家门口的小酒吧。这看似平常的生活图景，实则是消费文明迭代的微观呈现——从占有到共生，从效率到温度，从利润到福祉。这种转变，恰是第五消费时代的典型特征。

第五消费时代的核心命题在于对 Well-being 的价值重估。在物质丰裕突破临界点之后，商业文明的坐标必然从效率至上转向幸福创造。这不仅是经营理念的革新，更是对工业文明价值体系的根本性质疑——经济增长必须回答“为何增长”的终极追问。那些能够穿透表层需求、直抵人性本质的企业，终将在价值观重构中建立新的竞争壁垒。

这对中国企业意味着根本性的思维转变。一位家居品牌创始人曾问我：“为什么我们的产品参数优于无印良品，却无法获得同等溢价？”答案或许藏在《第五消费时代》三浦展先生对无印良品的深度剖析中：消费者购买的不仅是家居用品，更是一种去除冗余的生活哲学。当商业开始解决“如何让人更幸福”的命题时，商品不再仅仅是商品，而是升维为生活方式的提案。

人口结构剧变：开启新的商业蓝海

中国和日本正在共同迎接人口结构变化带来的巨大挑战。书中揭示的数据令人震撼：预计到 2040 年，日本的单身家庭数量将达到核心家庭数量的两倍左右。这不仅是人口结构的剧变，更是商业逻辑的重构。

作为同属东亚文化圈的国家，中国正在经历比日本更为剧烈的社会结构转型。民政部数据显示，2023 年，中国独居人口数量突破 1 亿，60 岁以上人口占比达 21.1%[①]，老龄化社会特征日益凸显。人口结构的深刻变革，正在重塑“家庭”这一社会基本单元的定义：当传统家庭单元发生剧变时，商业需要构建新的社会连接。许多敏锐的商家已经意识到了这一变化，并对这一趋势作出回应——越来越多的餐厅、便利店甚至超市都推出了“一人食”套餐，各家房企、公寓品牌也开始系统性、规模性地打造“单身公寓”。除此之外，一些更深层的商业机遇，我们也可以从日本社会的“街区重构”和“代际融合”中得到启发。

中国的企业家向来足够勤奋也足够聪明。在新的消费时代，对中国企业而言，也许真正的挑战不在于追赶趋势，而在于理解人性的本质。当物质增长触及天花板时，精神满足就成为新的增长极。第五消费时代不是衰退的信号，而是商业文明进阶的必经之路。那

① 资料来源：民政部 2023 年民政事业发展统计公报。

些能在新时代扎根的企业，必定是“幸福价值的创造者”——它们不制造欲望，而是抚平焦虑；不追求极致效率，而是守护生活本真。

中国商业市场的特殊性在于，不同的消费形态正在形成独特的时空折叠，五个消费时代在其中叠加共存。未来 10 年，中国商业注定要在折叠时空中完成惊险跳跃。而《第五消费时代》的价值，不仅在于提供日本经验的镜鉴，更在于揭示一个普世真理：所有伟大的商业，终将回归对人性的深刻洞察。

推荐序二

迈向未来消费社会的战略指南

日本一桥大学商学院副教授、博士生导师

孙康勇

日本社会学家三浦展先生毕业于有“日本商界精英摇篮”之称的国立顶尖学府——一桥大学，也就是我目前任教的大学。这成为我与三浦展先生结缘的重要起点。多年来，我专注于研究日本与中国企业的创新及全球化发展，致力于在中日之间搭建思想与实践的桥梁。在这一过程中，我多次邀请三浦展先生与中国的企业家、投资人进行深度交流，围绕消费社会的演进、创新与品牌战略、社会结构对商业的影响等话题展开深入对话。每一次交流都给我带来深刻的启发与思考。这次能够有机会先睹为快并为三浦展先生的新作《第五消费时代》作序，我倍感荣幸。

在经历过去 20 年的飞跃式发展后，中国的企业家和投资者正站在一个全新的十字路口：人口老龄化加速，出生率下滑，城市形态与家庭结构深度调整，消费者心理和价值观也在悄然转变。在这样的情景下，《第五消费时代》以其深刻的洞察与细致入微的描述，为中国企业描绘了一幅未来消费的“战略地图”。

本书是三浦展先生继《第四消费时代》之后的又一力作。《第四消费时代》以日本为样本，系统地描述了消费不仅是经济行为，更是价值观和社会结构的反映。随着经济和社会的发展，消费者的关注点从物质占有转向精神满足，开始重视非物质层面的价值。这种转向情绪价值的消费趋势，为中国新消费品牌提供了深刻启示，影响了众多企业对消费者情感连接与生活方式塑造的思考。而《第五消费时代》所描绘的，是在这一基础上进一步深化的社会图景——强调 Well-being 的实现、政府与大企业的参与，以及新型生活方式的全面重塑。

对于正面临增长瓶颈、信心焦虑与不确定性的中国企业界而言，本书的出版恰逢其时。它解释了“消费为何正在发生转变”，更重要的是，它提供了“企业该如何思考和应对这种转变”的方法论与战略路径。

首先，从人口结构的视角出发，三浦展先生提醒我们，第五消费时代的来临，是在全球老龄化与少子化背景下发生的。中国正在快速步入这一阶段，甚至在某些指标上已经超越日本。家庭小型化、单身化、“啃老族”增多、未婚率上升等现象，不仅影响着消费品类与场景的演化，也决定了品牌的情感连接逻辑和产品开发方向。

其次，从价值观的演变看，本书指出，消费者正在从以物质占有为目标的消费，转向以精神满足、生活美学与社群归属为导向的 Consummatory（即时满足性）消费。这种消费强调的是感受、认同与连接，而非炫耀与符号，体现了价值观的深层转变。这种消费价值观的转变，正是近年来在中国一、二线城市兴起的小众品牌、生活方式社区、社群电商、可持续消费、美育型空间的底层逻辑所在。

最后，本书提出了第五消费时代的 7 个 S [①] 理论，系统性地揭示了新时代消费社会的关键特征。这一框架不仅为品牌定义目标用户、设计产品路径、构建传播策略提供了明确的方向，也为城市空间、零售业态、产品服务、社区营造与商业模式创新等提供了新范式。

尤其值得注意的是，三浦展先生指出，第五消费时代不再只是个体、小企业或志愿者自发的探索，而是开始进入了“政府与大企业势必要参与”的阶段。这一判断对中国尤其重要。在“双碳”“共同富裕”“乡村振兴”“银发经济”等政策逐步落地的当下，中国企业与社会 / 政府之间的关系正在重新定位。企业不能再仅仅围绕“市场红利”思考增长，而应转向围绕“社会价值”“可持续目标”来设定长期战略。

本书的另一个洞见，是对于“看似停滞的社会中仍有增长”的敏锐捕捉。在被视为“停滞了 30 年”的日本社会中，三浦展先生透过消费细分领域的微观趋势分析，发现了美容、健康、自我照顾、再就业、再生活等种种新需求和新动能。这正是今天中国企业极其需要的观察视角：不是盲目追逐所谓“风口”，而是洞察长期

① 7 个 S 的具体内容将在本书第三部分详述。

趋势下的细水长流式创新。

《第五消费时代》并不是一本空泛的“未来主义畅想录”，而是一部根植于社会学与消费人类学基础、融合商业思维的“消费社会实操手册”。它让我们意识到，所谓“未来市场”，并非遥不可及的幻影，而是正在我们的街道、家庭、社区中悄然发生的变化。

对致力于打造长期主义品牌的中国创业者，对关注创新与增长的企业管理者，对思考商业与社会关系重构的投资人，《第五消费时代》既是一面映照现实的“镜子”，也是一把开启未来的“钥匙”。

未来已来，只是尚未流行。希望每一位读者都能在《第五消费时代》中找到通往未来的那条路径。

译者序

打破旧有消费模式，开创幸福新纪元

赵宇菲

“除了物质以外 ，什么才能让人获得真正的幸福？”

这是多年前三浦展先生的著作《第四消费时代》序言里的第一句话。斗转星移，全球商业格局与消费社会发生了翻天覆地的变化，并在数字化转型的浪潮中面临前所未有的挑战与不确定性。但是，无论时代如何风云变幻，这句话始终如一座精神灯塔，为我们指引前进的方向。

2023 年，三浦展先生在与我的一次交谈中提到，新冠疫情这场全球性危机促使他深入思考：日本社会的消费形态将如何演变？第五消费时代会不会因此而加速到来？

疫情结束后，我所在的取长补短（北京）咨询管理有限责任公司组织了数十次中国企业家赴日研学之旅。企业家们每次都会和三浦展先生深入探讨未来消费时代的演进方向。正是因为中国读者对消费时代的持续关注，使得《第四消费时代》在中国保持了长达十余年的畅销。基于此，我和三浦展先生探讨了《第五消费时代》在中国首发的可能性，最终我们达成共识，决定将这部备受期待的新作率先呈现给中国读者。

日本社会正深陷少子化、老龄化、单身化三重困境。在应对银发经济挑战过程中，日本所孕育出的商业创新和多元化商业模式，正吸引着越来越多中国企业的目光。

以足力健老人鞋为例。早在疫情前，创始人张京康先生就多次跟随我们赴日考察，深入调研日本银发产业。如今，随着加速到来的中国老龄化社会，足力健以老人鞋为核心支点，横向拓展有机食品、健康产品等领域，全方位打造覆盖银发群体全生活场景的综合产业生态。

在这本书中，三浦展先生最具启发性的洞见在于对人口结构动态变迁引发的消费变革进行了精细化的拆解，重塑了人们对消费群体的认知维度。比如，对老年群体和单身家庭的多层次细分，将成为影响消费趋势的重要参考。

三浦展先生细致入微的观察、鞭辟入里的剖析，为我们描绘出未来消费者的精准画像。

在深入研究日本社会消费变迁的过程中，三浦展先生最具开创性的贡献，莫过于为第五消费时代构建了完整的理论框架——7 个 S。

由于从事赴日商务考察行业，我有幸接触到众多优秀的历经沧桑却依然基业长青的百年企业。当翻译到 7 个 S 理论时，我的脑海中浮现出京都纹付株式会社。

在第三消费时代初期，伴随日本经济的高速腾飞，和服产业迎来了前所未有的繁荣。以黑色和服（和服中的礼服）为例，当时单是京都地区就聚集了 180 余家专业染坊，京都纹付正是其中的佼佼者。然而，随着社会风尚、审美潮流以及生活方式的现代化转变，和服产业不可避免地衰落了。在这场长达数十年的行业洗牌中，绝大多数同业者相继退出，唯有京都纹付至今仍是该地区唯一坚守和服黑染技艺的企业。它得以生存的秘诀是敏锐捕捉消费趋势的变迁，精准聚焦当下消费者的核心诉求，将重心转向旧衣黑染再生这一创新业务。这一转型，恰好与第五消费时代的 Sensuous（感性的）和 Solution of Social Problems（可以解决社会问题的）的理念完美契合。

在翻译这本书的过程中，我总结出了三个核心启示。

第一，第五消费时代本质上是一种别具韵味的传统主义回归。

传统社会因信息和技术的局限性而导致的“慢”生活，在第五消费时代被重新推崇。越来越多的人正在有意识地放慢生活步调，精心品味每一个生活瞬间。

第二，第五消费时代将孕育出一种追求“极致体验”的新型消费哲学。

在消费对象层面，消费者不再执着于拥有某件物品，而是更注重“情感共鸣”。最具代表性的例证莫过于古着文化的兴起，古着已经超越了其物理属性，成为承载历史记忆、个人情感与独特审美的文化载体。

在消费环境层面，消费者表现出对“场景融合”的极致追求，虽然身处繁华商圈，却渴望在购物体验中融入自然元素，让身心在商业氛围与自然气息的交融中获取滋养，实现物质与精神的双重满足。

第三，第五消费时代正在构建一个全方位开放的新型社会生态。

在空间维度上，商业设施正在经历从“封闭容器”向“开放空间”转变。在社交维度上，“弱连接社交”将会成为常态，这种低门槛、高流动性的社交模式，将会重塑人们的交往方式。

第五消费时代正在引领一场关于幸福本质的深刻反思。当物质丰裕达到一定程度后，一种更深层次的空虚感悄然袭来，越来越多的人开始意识到：真正的幸福无法通过物质堆砌来获得，而是需要在物质与精神之间找到平衡点。第五消费时代将不负众望，真正成为打破旧有消费模式、开创幸福新纪元的时代。

在本书出版过程中，我要由衷感谢得到图书的白丽丽、陈宵晗、师丽媛等几位老师，因为她们在内容打磨、结构优化等方面的努力，使本书以更完美的面貌呈现给读者。

在本书翻译阶段，特别感谢一桥大学孙康勇教授的学术指导，以及我的公司合伙人商磊老师的专业建议。

愿这本书能如一盏明灯，为中国消费领域的探索者们照亮前行的道路。

目 录

CONTENTS

PART
TWO

第五消费时代的价值观变化

PART
THREE

第五消费时代的 7 个 S 和 Well-being 的实现

绪　论

为了能让中国读者比日本读者更早、更充分地理解消费社会的发展演变，我撰写了《第五消费时代》这本书，并率先在中国出版。

2014 年，我在中国出版了《第四消费时代》一书，在书中，围绕“消费”这一核心驱动力，我将日本近代社会划分为四个消费时代。①

从“第一消费时代”到“第四消费时代”，每个时代都经历了不同程度的危机，比如关东大地震、石油危机、金融危机等。这些危机虽然给每个时代都带来了致命的打击，但也成了促使社会变革的重要契机。以此来看，2020 年至 2022 年爆发的新冠疫情，也可以被看作一个重要契机，成为加速“第五消费时代”到来的催化剂。

所以，在 2023 年出版的《孤独社会》一书中，我对“第一消费时代”到“第四消费时代”的年代重新进行了划分，并把 2021

① [日]三浦展：《第四消费时代》，马奈译，东方出版社 2014 年版。

年至 2043 年划分为“第五消费时代”。[1] 也就是说，受新冠疫情的影响，“第五消费时代”已经悄然而至。本书内容准确地说，是以日本消费社会的历代变化为参考，对未来消费社会趋势所进行的前瞻性的预测。

◆第一消费时代（1912 年—1937 年[2]）：这一阶段最重要的特征是，随着中产家庭的出现，日本社会开始逐步向中产社会过渡。

◆第二消费时代（1945 年—1974 年）：在这一阶段，依托经济的高速增长，在大量生产和消费的推动下，大部分家庭步入中产行列，日本完全形成了中产社会的形态。

◆第三消费时代（1975 年—1997 年）：在这一阶段，消费观念开始从追求数量向追求品质转变，并且由于时代的变迁，消费者的需求日趋多样化、个性化、高级化。

◆第四消费时代（1998 年—2020 年）：在这一阶段，伴随着消费降级的趋势，消费者开始追求低价和非物质带来的情绪价值，消费行为变得更加理性。

◆第五消费时代（2021 年—2043 年）：这一阶段仍处于萌芽期，其时代特征与发展趋势将在本书中详述。

① ［日］三浦展：《孤独社会》，谢文博译，人民邮电出版社 2023 年版。
② 1938 年—1944 年社会处于战争状态，故不列入消费时代。

第五消费时代的价值观

在我看来，“价值观”是形成消费时代的基础动力。从第一消费时代到第四消费时代，价值观也在逐渐发生变化。第一消费时代的价值观是 national（国家），强调国家主义，消费行为通常与国家的经济发展和国家利益紧密相连；第二消费时代的价值观是 family（家庭），家庭成为社会的基本单位，消费行为开始以家庭成员的需求为中心；第三消费时代的价值观是 individual（个人），消费不再仅仅是国家或家庭的需求，而是个体自我表达、个性展示的重要方式；第四消费时代的价值观是 social（共享），消费超越家庭和个人，更强调社会共享和集体价值，社会责任、环保和可持续发展成为重要的考量标准。

我认为，第五消费时代和第四消费时代的价值观在本质上是一样的。唯一不同的是，为了应对第四消费时代的价值观变化而率先采取行动的是个人、志愿者、社会公益团体和一些小公司，到了第五消费时代，政府和大型企业也终于开始考虑迎合这一阶段消费需求的战略和商业模式了。

为什么大型企业的反应会慢一拍呢？因为消费时代的变革是交错进行的，市场需求也是逐渐出现的，所以，以追求利益为最终目标的企业即使尝试调整策略，也不能马上看到收益，这导致大部分企业更倾向于维持原有、已验证可盈利的商业模式，而不是贸然变革。在第四消费时代，尽管二手服装、古宅重建等商业模式已经开始在日本流行，但它们仍然被笼罩在第三消费时代，甚至第二消费时代的阴影中，执着于出售新商品的企业完全不为所动。比起出售朴素、简约的商品，豪华、高级的新商品能够给企业带来更大的利润；比起满足消费者共享物品的价值观，满足他们追求私有的价值观才更符合企业一直以来的赚钱方式。

但是，只有真正契合当下消费时代的价值观，企业才能实现较大规模的发展。在第四消费时代，出现了很多表现良好且快速成长的企业，如优衣库、宜得利、唐吉诃德、大创[①]等。这些企业得以发展的重要原因之一就是符合第四消费时代的价值观——商品便宜且品质不错，还具备一定的趣味性。

比如，虽然优衣库的商业模式仍在沿用第二消费时代大量生产、大量消费的价值观，但是，与传统快时尚不同，优衣库的服装以简约的基础款为主，通常没有过多复杂的花色，设计和面料注重实用性和舒适性，且价格合理——这些都符合第四消费时代的价值观。唐吉诃德的商品主打低价，这一点符合第二消费时代的价值观，但它最吸引消费者的，是逛店的乐趣，这又十分符合第四消费时代的价值观。同样，像大创这样的百元商店，其商业模式符合第二消费时代大量生产、大量消费、用完就扔的特点，但它所售卖的商品通常设计简约，也符合第四消费时代的特征。

这些企业并不是百分之百符合第四消费时代的价值观，而是在符合其他消费时代价值观的商业模式的基础上，针对特定领域进行了创新。但是，即使只有一点符合第四消费时代的消费者需求，也

① 优衣库，日本服装连锁品牌；宜得利，日本家居连锁品牌；唐吉诃德，日本连锁便利店；大创，日本连锁零售店。

能大幅提升成功的可能性。不仅是日本企业，宜家在日本市场的成功，很大程度上也归因于其简约风格和 DIY（自己动手）理念，这些正好符合第四消费时代的价值观。

近年来，我们明显感受到大型企业不再坐以待毙，开始思考如何更好地在第五消费时代生存和发展。比如，2024 年 3 月，日本历史最悠久的百货商场之一高岛屋日本桥店引进了主营二手服装的商家。优衣库也开始回收自己品牌的二手衣物。无印良品不仅回收旧衣服，还回收旧家具，将它们翻新后进行二次出售。松下也推出了旧家电回收和翻新服务。如此种种，验证了我对第四消费时代和第五消费时代价值观的定义——共享。类似这样的企业行为真正得到大面积推广的时候，或许就是第五消费时代彻底到来的时候吧。

第五消费时代的目标

为了迎接新的消费时代，无论是政府还是大企业，都已经开始开展相应的行动，这些行动的最终目标是实现 Well-being，这也是第五消费时代发展的目标。Well-being 和 SDGs（Sustainable Development Goals，可持续发展目标）一样，都是政府和大型企业应该去努力实现的目标。

到底什么是 Well-being 呢？从字面上看，well 的意思是“良好”，being 代表“状态”，Well-being 的意思就是个人和社会所呈现的良好状态，其实现方式通常受到社会、经济、环境等多方面的影响。

Well-being 有两个表现形式：其一是共享，人们愿意分享自己的财富，不再过度追求物质积累；其二是简约，人们不再热衷于奢侈品消费，而是更加崇尚简约、可持续的生活方式。一个重视共享、无须大量财富也能获得幸福的社会，才是终极的理想社会。只有社会持续生产符合“共享”价值观的产品，并由这个价值观衍生出各种新的商业模式，才能最终实现 Well-being。

在第五消费时代，以 Well-being 为目标的新型商业模式，会伴随政府和大型企业的加入而发展壮大。

当今中国所处的消费时代

尽管消费时代是按照第一到第五的顺序演变，但这并不意味着进入第五消费时代后，第二或者第三消费时代就会彻底消失，第一到第五消费时代重叠交错、相互渗透，共同延续至今。具体来说，以大量生产、大量消费为基础的第二消费时代仍然是当前消费的基石，以后也会持续存在。这种消费时代重叠交错的现象，在中国尤为显著。特别是过去 30 年，中国的第二消费时代和第三消费时代几乎是同步进行的。

40 年前，日本的第三消费时代刚开始时，市面上还没有出现瓶装饮料。如今，瓶装饮料的种类已经发展到上百种，甚至上千种。类似地，日本的罐装咖啡在早期只有两种，现在则发展到 500 多种；啤酒品牌早期只有四个，其中麒麟啤酒占据 60% 的市场份额，而现在已经多达上百个；当时东京的比萨外卖店仅有三家，如今已遍布城市各个角落。在第三消费时代初期，日本还处于只能大规模生产单一产品的工业化模式，而从这一模式过渡到能够同时开发多个品种，并按需生产的市场化模式，日本足足花了 20 年。但是，得益于巨大的劳动人口红利，中国从第二消费时代到第三消费时代的进程被大大缩减。中国在处于第二消费时代的同时，就已经同时具备了很多第三消费时代才有的特征。

值得注意的是，在第三消费时代，日本的购物中心和便利店寥寥无几，互联网和电商更是不存在。与此相比，处于第三消费时代的中国早已迎来这些变化，尤其是物品的多样化和大规模交易流通，远超处于同一消费时代的其他国家。在中国的一线城市，消费需求已趋近饱和，消费者选择消费降级，并更加注重共享、环保、简约的生活方式，以及消费所带来的情绪价值。

近几年，我多次去往中国，面向中国企业家进行“经济发展”“消费时代”等相关主题的演讲。通过在此期间对中国的了解，以及对中国各种社会现象的观察，我认为，中国现在已经进入第四消费时代，而且中国应该会比日本更快进入第五消费时代。正如日本的第四消费时代发展得比美国更深入、覆盖范围比美国更广泛，我相信，中国的第五消费时代的发展也会超越日本。

当然，日本和中国的社会状况有诸多不同，两个国家面临的消费时代以及在全球所处的位置也有较大差异。但是，未来全球的消费方式将逐渐趋同。从这个角度来看，相信本书所探讨的内容，能为未来中国消费社会的发展提供一些有价值的启发。

PART ONE

第五消费时代的人口变化

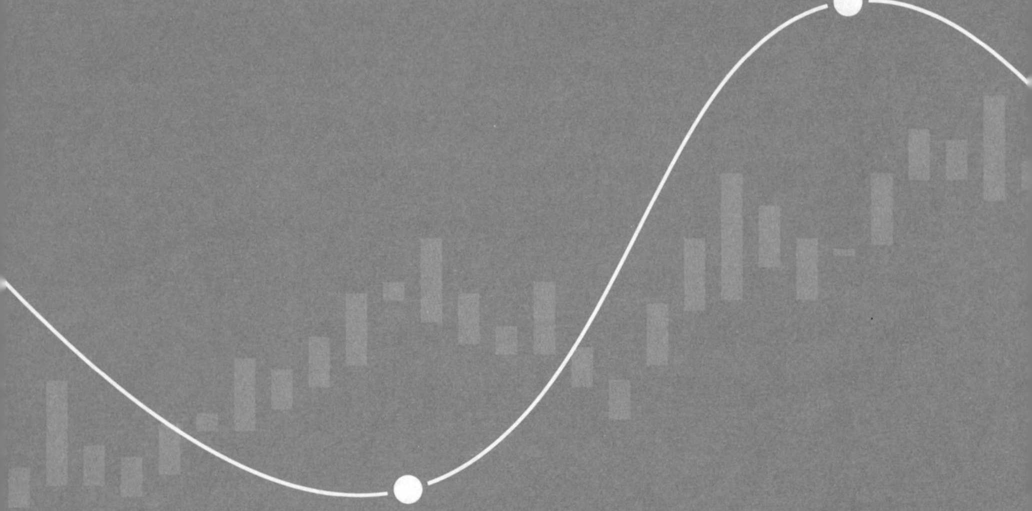

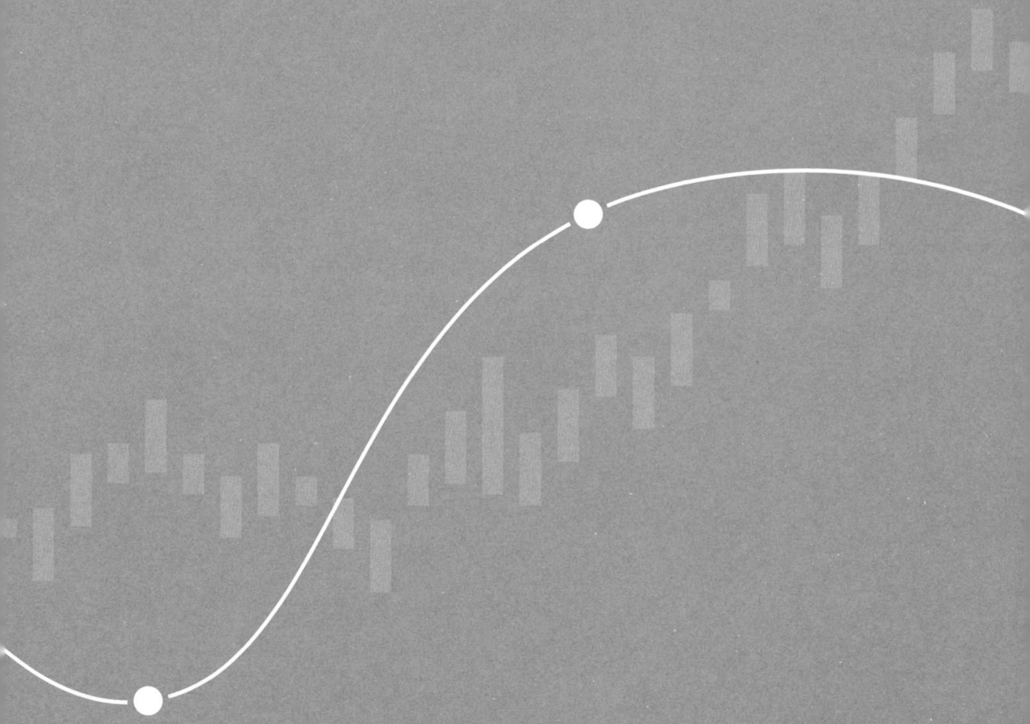

第一章

人口结构的变化对经济的影响

1.1 人口的结构性变化

日本出生人口数量的历史变迁

过去 150 多年间，日本的出生人口数量经历了显著的变化。

在第一消费时代，随着近代工业化的蓬勃发展，日本的出生人口数量大幅增长。20 世纪 30 年代中期，日本的年出生人口数量长期保持在 200 万以上的平均水平。然而，战争的爆发彻底改变了这一趋势——大量男性被征召奔赴战场，导致出生人口数量大幅下降。

1945 年，随着战后大批男性陆续归国，原本大幅下降的出生人口数量迅速反弹，甚至一度超过了战前水平。1947 年到 1949 年，日本迎来了第一次生育高峰，年均出生人口数量突破 270 万（图

1-1）。1946 年至 1950 年的五年间，日本的出生人口数量总计超过 1200 万。

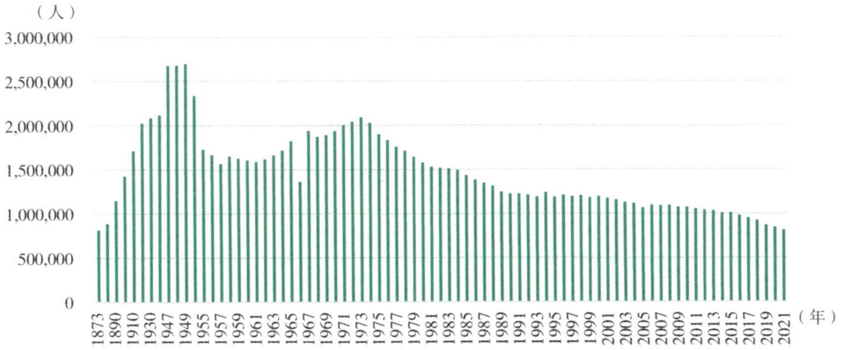

图 1-1　日本出生人口数量变化[①]

在第一次生育高峰过后，日本出生人口的增长速度有所放缓。20 世纪 50 年代，日本出生人口数量呈现出小幅下降的趋势，年均出生人口数量一度降至 200 万以下。造成这一趋势的一个重要原因是妊娠终止手术的合法化及其广泛普及和应用。

战后的日本满目疮痍，百废待兴，经济萧条，民生艰难，许多家庭仅能勉强维持温饱。在这样的经济状况下，普通家庭难以承受养育多个子女的重担，更无法保证孩子健康成长。孩子数量多，会让本就拮据的生活雪上加霜。面对这一严峻的现实，为了缓解民生

① 资料来源：日本厚生劳动省“人口动态统计”。

压力，稳定社会经济，日本做出了妊娠终止手术合法化的决定，帮助经济条件有限的家庭减少生育压力。当时，日本很多普通老百姓选择了终止妊娠，导致出生人口数量大幅下降。如果没有实施这一政策，日本的年均出生人口数量可能会继续维持在 200 万左右，而出生人口数量的下降趋势也不会如此迅速显现。

随着日本经济的高速发展，国民的物质生活条件得到了显著改善，人们开始愿意生育和抚养多个子女。此时，第一次生育高峰期出生的一代人陆续进入适婚适育阶段，开始结婚生子，推动日本迎来了第二次生育高峰。这是一个几乎所有人都会结婚，并普遍选择生育两个以上孩子的时代。在 1971 年至 1974 年的四年间，日本平均每年约有 200 万人出生。如果将 1970 年和 1975 年的出生人口数量计算在内，这六年间（1970 年—1975 年）的出生人口总数接近 1200 万人。

但是，在第二次生育高峰结束后，日本的出生人口数量逐年下滑，人口出生率持续衰减（图 1-2），日本逐步迈入少子化社会。2023 年，日本女性平均生育子女数已降至 1.26 人，远低于人口更替所需的水平；全年出生人口仅为 77 万，创下历史新低。随着少子化问题的持续加剧，日本老年人口（65 岁及以上人口）的占比逐渐上升，人口构成开始以老龄人口为主。

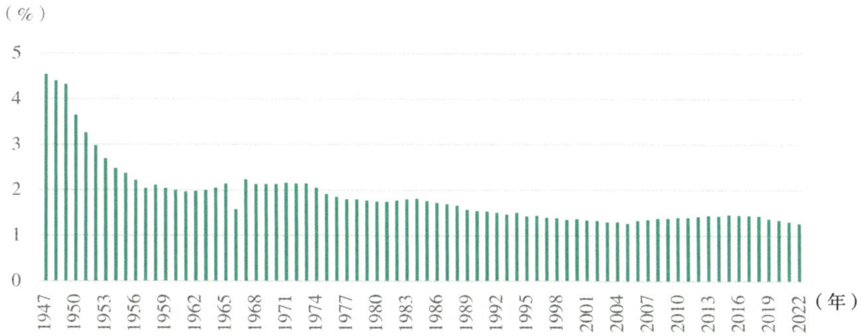

图 1-2 日本总和生育率变化[①]

人口结构变化对经济的影响

影响经济增长的因素有很多。从内需的角度来看，劳动力人口的数量及其在总人口中的占比，是推动经济发展的关键要素。老年人口占比逐渐增多，意味着劳动力人口占比不断下降，这一趋势将对经济发展带来深远影响。

在第一消费时代，65 岁以上的老年人口相对较少，婴儿潮兴起，新生儿大量出生，并逐渐成长为劳动力人口（15 岁～64 岁）。随着劳动力人口的持续增长，日本经济也迎来了快速发展。大量年

① 总和生育率是指一个女性在育龄期间平均生育的孩子数量。这个指标反映了一个国家的整体生育水平。此处资料来源为日本厚生劳动省“人口动态统计”。

轻劳动力进入市场，推动了生产力的提高，大大刺激了消费需求，为经济腾飞奠定了坚实基础（图 1-3）。

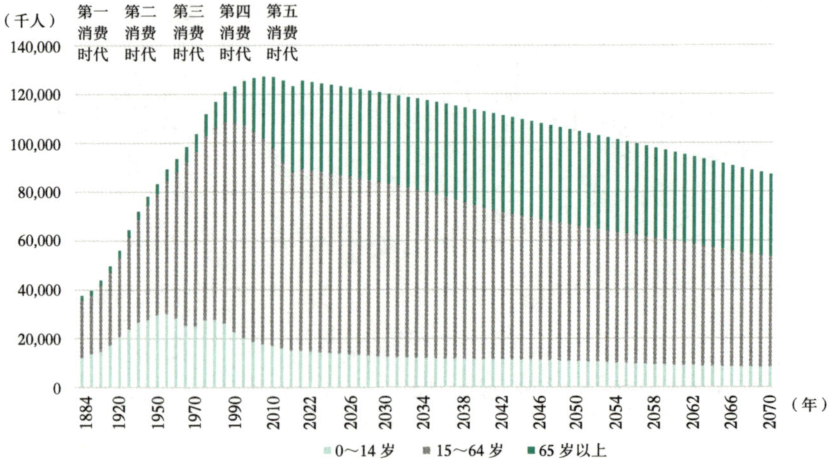

图 1-3 日本各时期人口结构变化[①]

在第二消费时代，老年人口数量仍然保持在较低水平，同时劳动力人口也在持续增长，为经济的持续扩张提供强有力的人力资源支持，日本经济因此得以保持快速发展。

在第三消费时代，老龄人口占比从 7% 上升至 14%，日本逐步

① 资料来源：日本总务省“国势调查”。

迈入老龄社会[①]。但是，适龄劳动力人口的绝对数量仍然在增长，国家整体的消费需求依旧旺盛。得益于劳动力人口的持续供给和消费活力，日本经济在这一时期保持了较为稳定的增长势头。

到了第四消费时代的尾声，日本的人口结构已经发生了根本性变化。截至 2020 年 9 月，日本老年人口占比增至约 29%，数量达 3617 万人。其中，70 岁以上的人口有 2791 万，75 岁以上 2005 万，80 岁以上 1259 万。日本社会已经正式进入“超老龄社会”，劳动力人口逐步减少，消费活力大大下降，社会保障和养老体系面临巨大挑战，日本的经济增速也在这一时期逐渐放缓。

进入第五消费时代后，日本老年人口预计将长期维持在 3600 万人左右。然而，劳动力人口的持续减少将成为日本面临的最大挑战。预计到 2060 年，65 岁及以上的老年人口将占总人口的 40% 左右，而 15～64 岁的劳动力人口约占 51%。届时，每 2.5 名日本人中就有一名 65 岁及以上老年人。这就意味着，每 5 名劳动力人口要负担 4 名老年人的生活及社会保障费用。这一严峻的人口结构变化，势必会对政府的财政、医疗保障体系及经济发展构成沉重的压力。

从日本经济增长的变化趋势中，我们可以清晰地观察到经济发展与人口结构变化之间的密切关联。在第二消费时代，日

① 按照国际通用标准，当 65 岁及以上人口占总人口的 7% 时，该国家或地区就进入了“老龄化社会”；当 65 岁及以上人口占总人口的 14% 时，进入“老龄社会”；当 65 岁及以上人口占总人口的 21% 时，进入“超老龄社会”。

本每年的经济增长率平均达 9.1%；然而，进入第三消费时代后，经济增长率降至 3.5%；到了第四消费时代，经济增长率更是降到了 0.6% 的低点（图 1-4）。经济增长率的下滑趋势与老年人口数量的增长趋势基本保持一致。

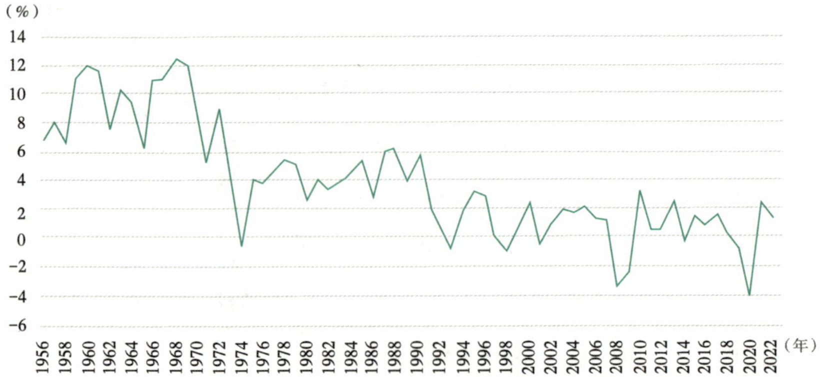

图 1-4 日本经济增长变化趋势[①]

随着人口结构的深刻变化，日本家庭的消费行为也发生了显著变化。在第二消费时代，家庭消费支出呈现稳步增长趋势，几乎每年都保持了 8% ～11% 的增幅。然而，1973 年至 1974 年，受第一次石油危机[②]影响，日本国内物价大幅上涨，给经济带来了严重的冲击。从前一直保持在较高水平的经济增长率，随着这场危机的爆

① 资料来源：日本内阁府“国民经济计算”。
② 指全球范围内因中东局势紧张，导致石油供应短缺和价格暴涨的一场重大经济危机。

发开始急剧下滑，从 1977 年的约 4.4% 暴跌至 1992 年的约 0.9%。自 1993 年起，日本的经济增长一度陷入停滞状态。经济增速的放缓直接影响了家庭消费支出，消费市场持续低迷（图 1-5），消费行为也随之转向多样化、理性化、个性化，愈发注重实用主义，这是第三消费时代的典型特征。

图 1-5　日本两人以上劳动者家庭的平均月消费支出和增长率变化①

与日本相似，当前中国也面临着出生率下降和人口老龄化的严峻挑战。数据显示，中国的总和生育率已降至 1.09，年出生人口数

① 资料来源：日本总务省“家庭财务调查”。

量跌破 800 万，而 65 岁及以上人口占比已达约 14.9%，这意味着中国已经正式迈入老龄社会。预计到 2035 年，老年人口占比将进一步攀升至 22.5%，中国将在养老金、医疗保障和劳动力短缺等方面面临更为严峻的考验（图 1-6）。值得注意的是，与处于第四消费时代初期的日本相比，中国当前的人口出生率比当时的日本还要低（图 1-7），老龄化进程也会更快。可想而知，未来中国所要面临的挑战可能比日本更加严峻。

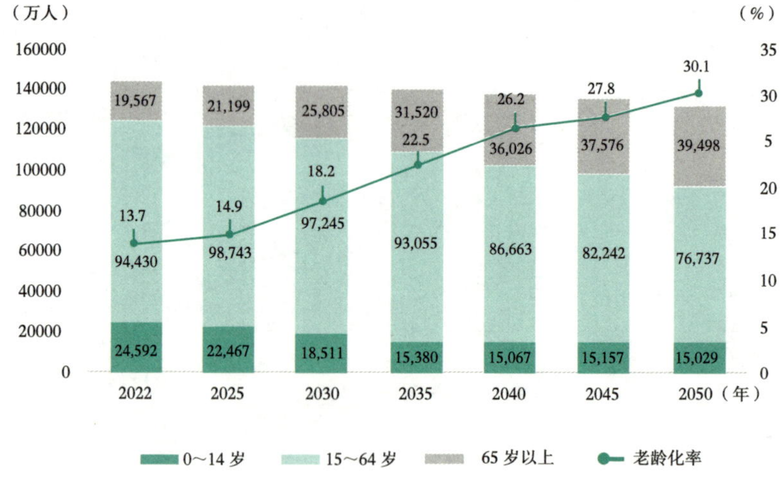

图 1-6 中国劳动力人口和老年人口变化预测[①]

① 资料来源：联合国《世界人口展望》（2022）。日本贸易振兴机构（JETRO）制作。

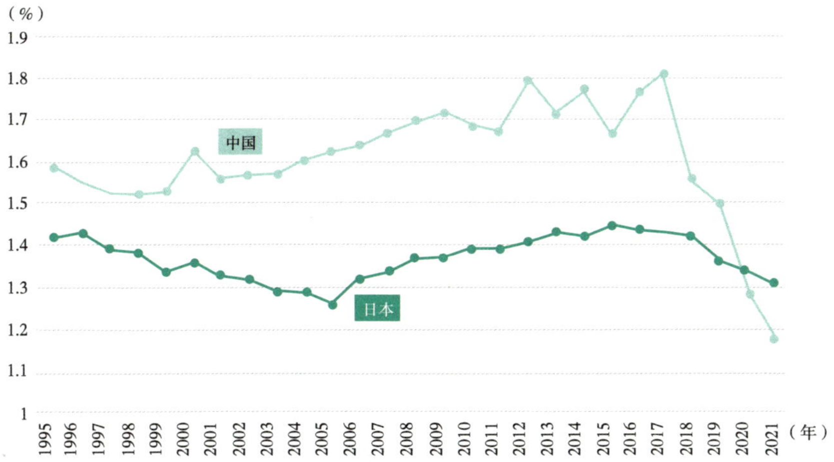

图 1-7 中国和日本总和生育率变化[①]

另一方面，尽管中国在 2010 年超越日本，成为世界第二大经济体，但经济增速却呈现出逐年放缓的趋势，从 2010 年约 11% 的高速增长，逐步降至 2020 年的约 2%（图 1-8）。随着经济增速的放缓，人口结构变化带来的压力将日益凸显。借鉴日本的经验，中国需要尽早制定应对策略，以有效缓解人口结构变化可能给经济发展带来的冲击。

① 资料来源：联合国《世界人口展望》（2022），日本厚生劳动省“人口动态总览”。荒川和久制作。

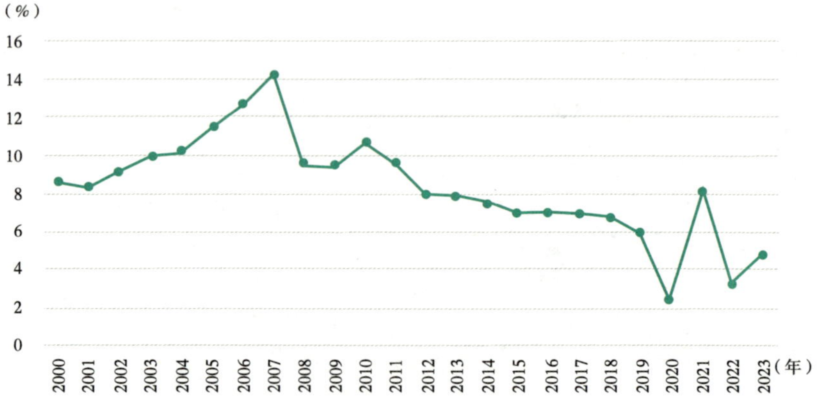

图 1-8 中国经济增长率变化①

---

① 资料来源：经济合作与发展组织，世界银行集团与国际货币基金组织。

1.2 少子化现象及过往对策

少子化现象的成因之一——女性结婚意愿下降

女性学历、地位的提升导致结婚意愿下降

1980 年，随着《男女雇用机会均等法》的出台，少子化现象在日本正式拉开帷幕。该法案实施后，女性的工作机会显著增加，职业生涯得以延长。女性完全可以通过自己的劳动报酬来维持生活。这样一来，必须结婚的理由就减少了，结婚率和生育率也持续走低。

与此同时，随着女性学历的提升，很多女性得以进入一流大学。这引发了一个有趣的现象——一流大学毕业的女性被大企业录用，而二流大学毕业的男性只能在工资相对较低的小企业就职。

在经济高速增长期，企业可能会同时录用一流大学毕业的女性和二流大学毕业的男性；但在经济增长停滞期，用人单位会更谨慎地选择员工。比如，部分企业基于“女性可能会因生育而离职”的固有观念，仍然偏好男性求职者，即使他们毕业于二流院校；而重视智力资本的企业则倾向于选择录用一流大学毕业的优秀女性。这种就业结构的分化进一步影响了婚恋市场的格局，一些就职于大企业的高学历女性往往不愿与在中小企业工作的男性结婚，导致大量男性因缺乏婚姻机会而长期单身，从而进一步影响生育率（图 1-9）。

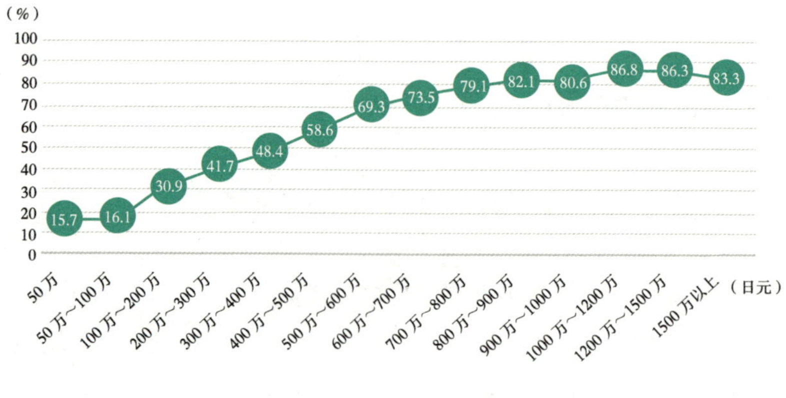

图 1-9 不同年收入男性的结婚率[①]

① 资料来源：日本三菱综合研究所“生活者市场预测系统”（2023 年）。

男性正式员工数量减少导致结婚意愿下降

此外，第二次生育高峰期出生的一代正好在泡沫经济后步入职场。虽然从数据上看，大学毕业生成为正式员工的人数在泡沫经济后并未减少，但不要忘记，那是一个高人口基数的年代。也就是说，实际上未能成为正式员工的人数——尤其是男性——在不断增加。而现实中，愿意与非正式员工结婚的女性少之又少。究其原因，可能有以下几个。

首先，男性非正式员工的薪资普遍较低，生活负担也无疑会更大。对于那些从二流大学毕业、进入二流企业工作、年收入仅 400 万日元的男性员工来说，能找到年收入 240 万日元左右的女性正式员工作为结婚对象，已经相当幸运了。然而，现实情况却是，越来越多的男性即使到了四五十岁，仍然难以跻身正式员工之列。面对这样的困境，他们如何承担起结婚生子的重任呢?

其次，原本男性非正式员工的薪资就不具备明显优势，而企业却依然吝于为他们加薪。这是因为第一次生育高峰期出生的人群在职场中活跃的同时，第二次生育高峰期出生的一代也在职场中崭露头角。在这些人逐渐到了退休年龄时，企业尚存一定的资金盈余，能为新入职员工提供一定的薪资增长空间。然而，随着经济形势的变化和企业资金压力的增加，曾经的加薪势头日趋乏力，进一步加剧了年轻的男性非正式员工在职场和婚恋市场中的困境。

再次，在日本，只有成为正式员工才可以享受育儿假，女性非正式员工想要安心生育，只能选择可以享受育儿假的男性正式员工作为结婚对象。然而，正如前文所述，男性正式员工的数量不断减少，而愿意与男性非正式员工结婚的女性少之又少。这也在一定程度上加剧了少子化的问题。

最后，即使女性愿意与男性非正式员工结婚，甚至其年收入高于丈夫，但如果没有足够的存款承担休育儿假期间骤增的生活成本，女性往往也会推迟或放弃生育计划。这无形中导致新生儿数量进一步减少。

除此之外，即使好不容易生了孩子，选择离婚、成为单亲妈妈的女性数量也会大幅增加。对于这部分女性而言，重新进入婚姻的意愿本就不高，再次生育的可能性也随之降低。

日本的少子化对策

难以落实的少子化对策

日本的少子化问题早在 20 世纪 70 年代便已显现，然而半个世纪过去，这一社会问题不仅没有得到有效遏制，反而呈现出愈演愈烈的态势。难道日本政府在这一过程中没有采取任何应对措施，没有出台相关的有效政策吗?

1998 年 7 月，日本政府召开了名为“如何有效应对和解决少子化问题”的会议（下文简称“应对少子化”会议），我有幸作为最初的参会委员之一参与其中。同年 12 月，会议发布了《关于应对少子化的专家建议——构建能够实现梦想的家庭和有利于养育孩子的社会》。这份文件对于应对少子化问题具有十分重要的意义。遗憾的是，这一文件发布后的几十年里，日本在应对少子化问题方面始终未能取得实质性突破。作为曾经的参会委员，我作出这样的评价或许显得有些不负责任，但基于现实情况，我认为，如果当初会议上提出的各项政策能够得到切实有效的落实，日本或许不至于陷入如今这样严重的少子化困境。

这次会议的另一项建议聚焦于加大对育儿家庭的经济支持力度。比如，给因患不孕症而无法生育的夫妇提供治疗费用补助。这项政策直到菅直人担任日本首相后才得以落实。

事实上，更直接有效的措施应该是降低或补贴保育费、生育费、儿童医疗费、学费等育儿相关费用，甚至可以考虑将孩子上补习班的费用纳入个人所得税的减免项目，以及为每个新生儿提供100 万日元的生育奖励等。也就是说，应该尽可能减轻家庭在育儿过程中的经济负担，给予全面支持。

为什么这些建议最终难以落实呢?

其中一个重要原因是，日本尚未完全走出“失去的 30 年”所导致的低增长困境。在召开“应对少子化”会议的前一年，也就是 1997 年，日本爆发了严重的金融危机，山一证券和北海道拓殖银行相继破产，经济形势急转直下。尽管这些经济问题当时已经显现出巨大的冲击力，但在 1996 年之前，日本经济增长率仍维持在3% 左右，因此，包括我在内的许多人仍对经济复苏充满信心。在1998 年会议召开时，几乎没有人预见到日本会陷入长达数十年的经济低迷。

现在回头看，尽管当时经济已出现疲态，但过度乐观的氛围使得关于少子化问题的政策设计大多停留在表面，未能触及问题的本质。

少子化对策的具体建议

“应对少子化”会议的许多观点都具有前瞻性。比如，“为了提高出生率而让女性回归家庭的建议其实是不切实际的，因为它违背了男女共同参与社会分工的理念。”“女性因性别而被限制工作机会，不仅违背了性别平等的社会原则，更与日本未来的劳动力供给趋势背道而驰。根据预测，日本的劳动力供给数量将在未来几年持续减少。在这种情况下，抑制有意愿工作的女性就业，对个人、社会和经济发展来说都是不合理的。”“从经济发展与合作组织成员国的经验来看，那些在男女就业机会和待遇平等方面表现更佳、男女共同参与社会实现度更高的国家，其出生率也普遍更高。”

再如，会议在“劳动环境与工作方式改善”方面，强调了以下几点：

重新审视日本的雇用习惯与性别分工：日本的雇用习惯与男女性别分工密切相关，需要反思将男性视为主要劳动力的雇用机制。

推动多样化的就业方式：特别是针对处于育儿期的职

场人士，推广灵活就业和弹性工作方式，完善育儿假制度，保障育儿时间，完善工作与育儿两不误的支持措施。

培养开放的劳动市场：为因育儿而暂时离职的员工建立重返职场机制。

建立企业育儿支持的评价机制：建立鼓励和评价企业育儿支持措施的机制。

另外，会议还对家庭、地域、教育等相关事项提出了建议。

家庭方面：重新审视男女角色分工，推动男女共同参与家务和育儿。

社会方面：确立全社会支援育儿的国民共识，并在硬件和软件两方面提升育儿环境，完善社会相关支持措施。

育儿服务方面：完善城市低龄儿童保育等服务供给；提供适应各种生活方式的多样化服务；从孩子的立场出发，确保保育质量。

宣传方面：面向儿童、学生、年轻一代及全社会，广泛宣传男女共同参与育儿的理念及育儿的重要性和乐趣，并提供相关体验机会。

制度方面：通过税收制度和社会保障制度进行育儿支持，减轻育儿经济负担。

教育方面：纠正“唯学历论”的倾向，通过非单纯知识教育的体验学习等方式，培养生存能力和技能。同时，通过扩大奖学金规模等措施，助力年轻人在成年后实现经济独立。

在这些建议出台后，幼儿园的数量的确有所增加，但“学历至上”的社会风气并没有改变，奖学金规模也没有得到显著扩大，社会保障支持力度似乎也没有太大提升。在过去几十年间，大学录取率，尤其是女性的大学录取率持续上升。另一方面，却是家庭收入增长乏力，包括补习班费用在内的教育相关支出逐年上升，令许多家庭倍感压力。在这样的现实条件下，想让年轻人从 18 岁开始经济独立，又谈何容易呢?

为了支持职业女性而出台的对策

客观来说，以上这些建议本身并没有错。这些建议主要聚焦于如何帮助当时的职场女性解决育儿问题。20 世纪七八十年代，许多女性已经完成了本科甚至研究生的学业，成为企业职员或学者，她们占据了上文提到的“应对少子化”会议委员会的大多数席位。她们的观点是：有了孩子后，女性就无法继续工作或做研究了，因此需要男性更多地参与育儿工作。

当时担任委员会主席的一位女性社会学家兼大学名誉教授表示：“大家都把养育孩子视为一件不好的事，但我最近有了可爱的孙子，感觉就像获得了奖金一样开心。或许我们应该多谈谈能让人们对育儿充满梦想的事情。”她的这番话安抚了参会的女性委员们。

当然，女性委员们的主张并没有错。不过，这样的主张缺乏对长期结构性问题的深刻洞察。一方面，当时的讨论主要聚焦于支持职场女性。职场女性虽然在委员会中占多数，但在当时的社会中仍属于少数派。另一方面，当时正值经济下行，普通父母更关注的其实是在降低养育成本方面的实际支持。但在我的印象里，这样的建议几乎没有，包括当时的我也没有意识到这一点。这或许正是那个时代的无奈现实。

纵观日本少子化的发展历程，《男女雇用机会均等法》的实施虽然推动了性别平等，但也间接导致了男性正式员工数量的减少，进而引发了结婚率下降的社会问题。与此同时，企业不涨薪、女性休育儿假带来的收入减少等现实困境，也使生育问题变得愈发严峻。

从结果上来看，1998 年召开的“应对少子化”会议未能有效扭转日本少子化的发展趋势，其中一个根本原因在于会议最初探讨的方向与实际情况存在一定的偏差。深入分析，我们会发现，少子化问题的本质其实是经济问题，但早期应对少子化的政策却将其作为性别议题进行探讨，这种定位偏差导致了政策效果的局限性。

因此，要有效应对少子化问题，应当将其置于经济框架下进行系统性探讨，制定切实可行的经济支持政策，这样才能从根本上缓解这一问题带来的社会压力。

第二章

家庭结构的变化对经济的影响

2.1 家庭的结构性变化

单身家庭成为主流

家庭结构作为社会发展的基本单元，其变迁不仅反映了人口形态的演变，更深刻影响着经济发展的轨迹和消费市场的格局。从日本消费时代的演进过程来看，家庭规模与结构的变化直接决定了市场需求的特征与规模，进而塑造了不同时期的商业机遇与产业形态。具体而言，家庭数量的增减、家庭规模的大小及家庭成员构成的变化，都会对消费品的需求类型、消费频率和消费方式产生显著影响，既为经济发展提供了持久动力，也带来了新的挑战。

在第一消费时代，日本以父母和孩子为主要成员的核心家庭数量为 750 万户。在第二消费时代，这一数字增至 1500 万户，比第一消费时代翻了一番。随着核心家庭数量的激增，新家庭对生活必需品的需求大幅上升，为商家带来了稳定、大量的市场刚需。在这一时期，由于市场需求旺盛，商家无须投入大量资源进行消费刺激或产品宣传，只要满足家庭对汽车、家电、住房等商品的需求，即可实现业绩的持续增长。

东京大学名誉教授、经济学家吉川洋在他的著作《经济高速增长》中写道："家庭数量的增加对经济发展具有深远影响。尤其是在第二消费时代，随着家庭数量的激增，日本经济在相当长一段时间内保持了高速增长和良性循环的态势。年轻人纷纷步入婚姻、组建家庭，随之而来的是对家电、汽车、住房等生活必需品需求的集中释放。这类生活刚需推动了相关企业销售额的大幅攀升，员工薪资也随之水涨船高。随着子女的成长，这些家庭还会考虑购置功能更先进的家电、更换更舒适的汽车、置换更宽敞的住房，进一步拉动消费需求。正是在这样的时代背景下，通过人口增长和家庭消费的循环驱动，日本经济实现了迅猛、稳定的增长。"

但是，到了第三消费时代和第四消费时代，伴随着少子化和老龄化趋势的持续加剧，传统 3～4 人规模的核心家庭数量增长已经趋于停滞，一人式单身家庭[①]数量则呈现出显著的上升态势。数据显示，2000 年，日本单身家庭数量为 1164 万户；到了 2020 年，这个数量已经激增至 2115 万户，短短 20 年实现了翻倍增长。基于当前社会发展态势分析，在第五消费时代，单身家庭的数量仍将保持

① 指一个人生活的一口之家。

持续增长态势。

与之形成鲜明对比的，是日本核心家庭数量的持续下降。数据显示，日本的核心家庭数量将从 2020 年的 1395 万户缩减至 2040 年的 1182 万户，降幅达 15.3%（图 2–1）。预计到 2040 年，单身家庭数量将达到核心家庭数量的两倍左右。

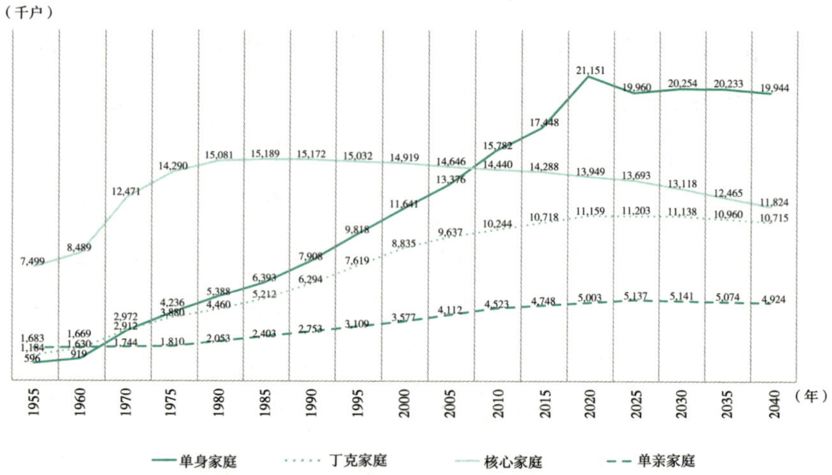

图 2–1 不同类型的家庭数量预测

这一显著的变化，不仅反映了日本社会家庭结构的深刻变革，同时也推动了消费市场的巨大转型。

根据日本总务省每 5 年进行一次的单身家庭消费调查显示，在第三消费时代，从 1969 年到 1989 年，单身家庭的月均消费支出呈现持续增长态势，其中女性单身家庭的消费支出增幅尤为显著。到了 1989 年，男女单身家庭在消费支出水平上已经趋于均衡（图

2-2)。这一现象充分反映了女性经济实力的提升。

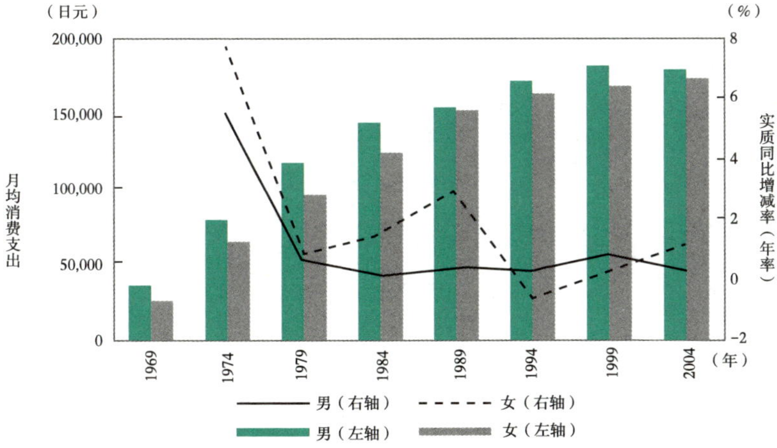

图 2-2　第三消费时代男女单身家庭消费变化[①]

进入第四消费时代后，单身家庭的消费支出继续保持在较高水平。以处于第四消费时代末期的 2019 年为例。该年日本单身家庭的平均消费支出是 196.5 万日元（图 2-3），两人及以上家庭的平均消费支出为 385 万日元，按人均计算约为 192.5 万日元。由此可见，单身家庭的人均消费金额更高，其在消费市场的影响力也在逐渐增大。

① 资料来源：日本总务省统计局。

图 2-3 单身家庭消费支出变化[①]

据统计，具备消费能力的单身家庭在 2000 年至 2020 年增加了 1000 万户，相当于创造了约 20 兆日元（约 1.3 万亿元[②]）的消费规模。

家庭的结构性变化将对住房、家电、食品等消费领域产生深远影响，推动企业重新审视其产品策略和市场定位。敏锐洞察这一趋势的企业已经开始行动了：各个品牌的啤酒、饮料、速食咖喱等产品，纷纷推出了适合单身家庭的小包装、小分量产品；各家便利店也通过提供多样化的即食便当和便捷服务，精准满足单身家庭的日常需求。数据显示，相较于传统餐厅，快餐和便利店便当的销量呈明显上升趋势。

① 资料来源：日本总务省“家庭财务调查”。
② 根据 2020 年汇率计算。

虽然这种由单身家庭驱动的消费增长可能不会重现以往核心家庭消费需求所带来的供不应求的局面，但毋庸置疑，针对单身家庭开发定制产品，将成为未来企业提高销售额的核心策略。

老龄单身家庭数量逐渐增多

在第三消费时代初期形成的首批单身家庭中，20 岁左右的群体占主要部分，其次是 25 岁左右的群体。在那个时代，年轻人普遍会在适婚年龄（25～30 岁）步入婚姻，比如我就是在 26 岁结婚的。因此，30 岁以上的单身家庭数量会逐渐减少。

但是，到了 2015 年，各年龄段的单身家庭数量趋于均衡，其中 20 岁左右和 60 岁左右的单身家庭数量尤为突出。60 岁左右的单身家庭数量的显著增长，主要源于中老年离婚率的持续上升。随着人口结构的变化和社会观念的转变，中老年群体中选择离婚的比例不断攀升，推动了老龄单身家庭数量的持续增多。

自 1947 年起，日本厚生劳动省每年都会对离婚相关数据进行系统性的调研和统计。其中，“熟年离婚”这一特殊的社会现象尤为引人注目。它特指已经共同生活二三十年的夫妻，在丈夫临近退休或者步入老年阶段时，突然选择分居甚至离婚。2022 年，“熟年离婚”数量创下历史新高，占当年离婚案件总数的 23.5%。这意味着日本每四对离婚的夫妻中，就有一对属于“熟年离婚”。

值得注意的是，日本第一次生育高峰出生的人群，目前年龄普遍在 85 岁以上。这一年龄段的单身家庭多因配偶去世而形成（图 2-4），预计到 2040 年，85 岁以上的老龄单身家庭的数量将达到历史峰值（图 2-5）。

与此同时，2040 年，在日本第二次生育高峰出生的人普遍已经 70 岁左右。这一年龄段的单身家庭主要由终身未婚、离异及丧偶等多种因素形成。这些老人大多选择或不得不维持独居的生活状态，从而形成了老龄单身家庭的第二个高峰。

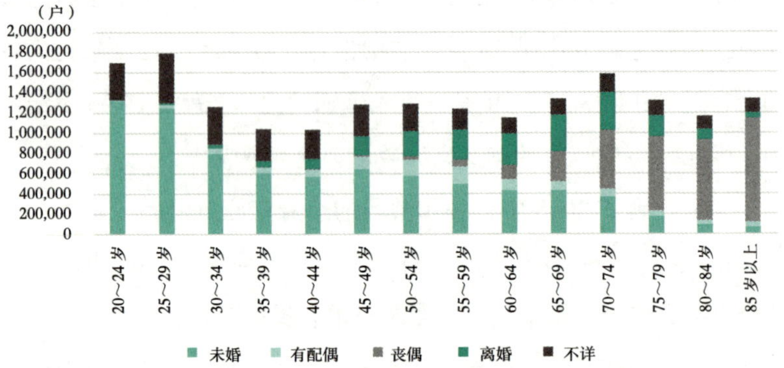

图 2-4 不同年龄段配偶情况[①]

① 资料来源：日本总务省“国势调查”（2020 年）。三浦展绘制。

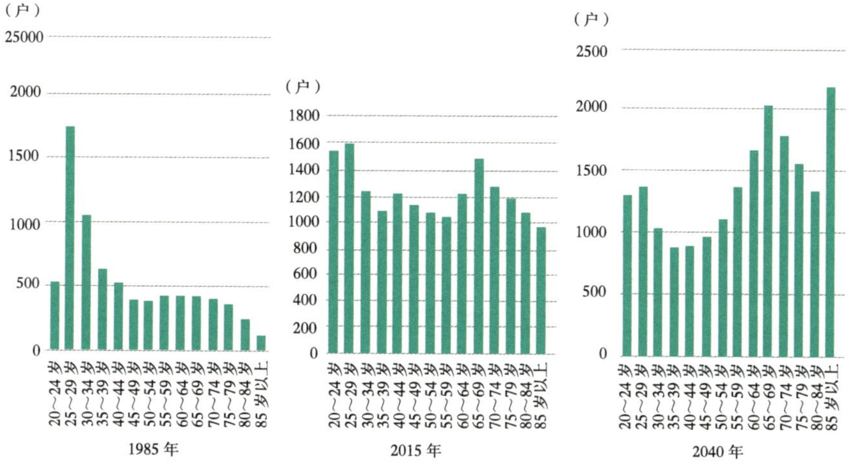

图 2-5　中老年单身家庭数量变化[①]

老龄单身家庭比例的持续攀升，正在削弱整体消费需求，进而影响经济增长的内生动力。

老年人往往更倾向于储蓄和规避风险，消费行为趋于保守。他们的支出主要集中在生活必需品、医疗保健等刚性需求上，而在娱乐、旅游、奢侈品等非必需消费上的投入相对较少。其中，老年女性的消费能力整体低于老年男性。数据显示，60 岁以上老年女性的年均消费支出仅为 179 万日元，而同一年龄段的男性年均消费支出为 182 万元（表 2-1）。由于女性在老龄单身家庭中占比更高，

① 资料来源：日本总务省“国家评估”，其中 2040 年数据由日本国立社会保障人口问题研究所预测。三浦展绘制。

且平均寿命更长，这一群体的低消费水平将进一步拉低整体消费市场的活跃度。

表 2–1 不同年龄段单身家庭消费支出（2017 年—2019 年均值，日元）[①]

	未满 35 岁	35～59 岁	60 岁以上
男性	1,981,794	2,280,986	1,816,433
女性	1,955,130	2,203,763	1,789,759

从宏观经济角度来看，老龄单身家庭比例上升导致的消费需求下降，可能会使经济增长面临长期动力不足的困境，尤其是在人口老龄化加剧的背景下，这一问题将更加凸显。

应对老龄单身家庭比例上升带来的消费萎缩问题，需要政府和企业共同发力，通过完善养老保障体系、开发适老化产品和服务、激发老年消费潜力等措施，为经济增长注入新的活力。

单身“啃老族”群体不断扩大

事实上，具备足够的经济能力，能够承担日常开支并独立应对各项生活需求的高质量单身家庭数量的增加，并不会对日本经济增

① 资料来源：日本总务省“家庭财务调查”。三浦展制作。

长产生太多的负面影响。相反，日本经济实力的持续下滑，以及劳动者收入的减少，才是导致单身家庭数量不断攀升的主要原因。比如，由于收入减少，许多缺乏物质基础的适婚男女无法承担结婚所需的成本，因而选择独居生活，从而推高了单身家庭的比重。

以 30 岁左右的男性群体为例，其年收入水平与婚姻状况有显著的相关性。数据显示，在单身家庭中，年收入超过 500 万日元的男性占比为 37.1%。在丁克家庭中，年收入超过 500 万日元的男性占比上升至 48.6%。而在以夫妻和未婚子女为核心的传统家庭中，这一数字提升至 56.9%（图 2-6）。这就意味着，已婚已育的男性群体往往具有更高的收入水平。

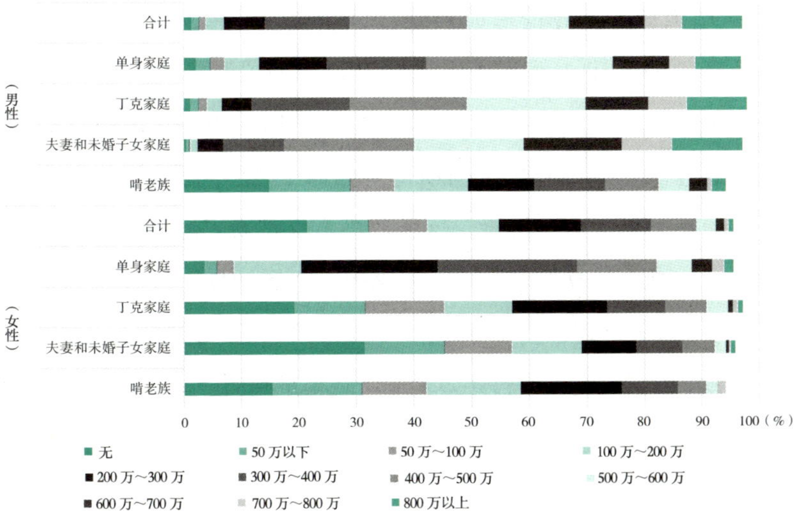

图 2-6　不同家庭类型中 30 岁男女的个人年收入统计（日元）[①]

① 资料来源：日本三菱综合研究所“生活者市场预测系统”（2023 年）。

真正对日本的经济发展产生负面影响的，是单身家庭中的一个特殊群体——“啃老族”，这一群体的典型特征是未婚、年收入较低，且几乎没有稳定的工作。他们长期与父母同住，依赖父母的经济支持，过着“啃老”的生活。

在 30 岁的男性“啃老族”中，年收入达 500 万日元以上的占比仅为 10% 左右，有超过 60% 的人年收入不足 300 万日元。这一收入水平连维持个人的基本生活开支都十分困难，更不用说结婚生子、承担家庭生活的日常开支了。在 30 岁的女性“啃老族”中，年收入低于 100 万日元的占比超过 40%。如此微薄的收入，显然也无法支撑她们实现经济独立，满足日常生活的开支需求。

“啃老族”问题的形成，既有日本高昂生活成本的影响，也和经济长期低迷、就业市场恶化有很大的关系。人们对社会的感知和期待的变化，深刻反映了时代变迁。1996 年之前，社会普遍对经济复苏抱有乐观的期待，然而 1997 年爆发的亚洲金融危机彻底击碎了这一希望。这场危机不仅带来了经济上的巨大冲击，也从根本上改变了人们对未来的信心和预期。

很多日本企业为了降低成本，大量雇用非正式员工[①]。这些岗位收入低、稳定性差，导致许多人无法获得足够的经济收入来维持独

① 非正式员工主要包括临时员工、派遣员工、合同制员工、小时工等。这类员工与企业之间的劳动关系相对灵活，通常以短期或特定项目为主，且福利待遇和职业保障相对有限。与此相对应的是正式员工，他们会与企业签订长期劳动合同，享有更稳定的工作保障、更完善的福利体系及更多的职业发展机会。

立生活。此外，由于日本企业对正式员工设定了较高的录用和晋升门槛，许多 40 岁以上的非正式员工难以转为正式员工，进一步加剧了他们的经济困境。

随着日本经济增长的持续乏力，中年“啃老族”群体（35～44 岁）的规模正在不断扩大（图 2-7）。这一群体的父母多已七八十岁，主要依靠养老金维持生活，而“啃老族”由于经济能力有限，不得不依赖父母的养老金来勉强维持生计。更极端的情况是，部分“啃老族”在父母去世后，选择隐瞒信息，继续领取父母的养老金。

“啃老族”群体的持续扩大，正在成为日本社会亟待解决的重大社会问题。这一现象不仅会对家庭结构和社会稳定构成挑战，还会显著削弱消费市场的活力，抑制消费市场的增长。

图 2-7　中年“啃老族”规模变化

要应对这一复杂的社会问题，政府和社会各界需要共同探索行之有效的解决方案。比如，从政府层面来说，可以推动经济结构转型，创造更多高质量的就业机会；完善社会保障体系，提供住房补贴、育儿支持及针对低收入群体的专项救助等。此外，社会各界也应积极参与，通过企业社会责任项目、社区支持网络，帮助“啃老族”提升技能，增强经济独立性。

未婚人群大幅增加

进入第三消费时代后，25～29 岁、30～34 岁这两个年龄段的未婚人群大幅增加，未婚率呈现显著上升趋势（图 2-8），这一现象在男性和女性群体中均有所体现。导致未婚率攀升的原因比较多元，但纵观过去 40 年，女性社会地位和经济地位的不断提升是其中的一个关键因素。

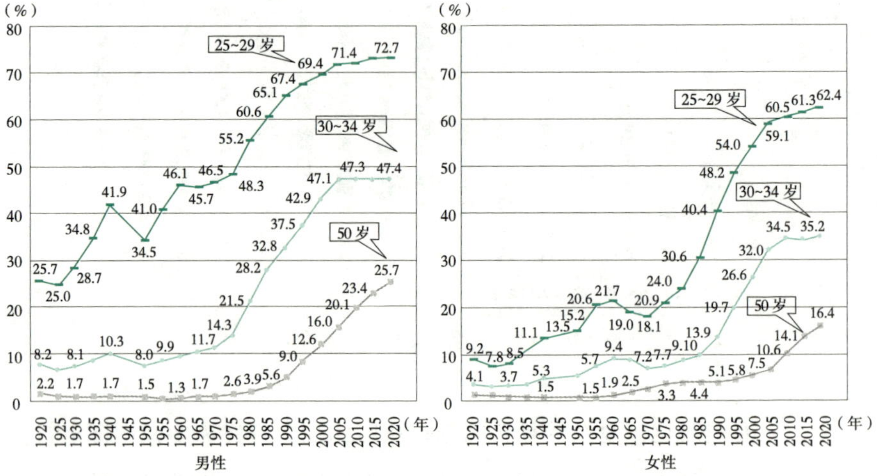

图 2-8 不同年龄段未婚率变化

据统计，1975 年前后，在 25～34 岁的女性劳动力占比处于历史低位（图 2-9）。那些不工作的女性大多以全职主妇的身份，承担着照顾家庭和子女的责任。

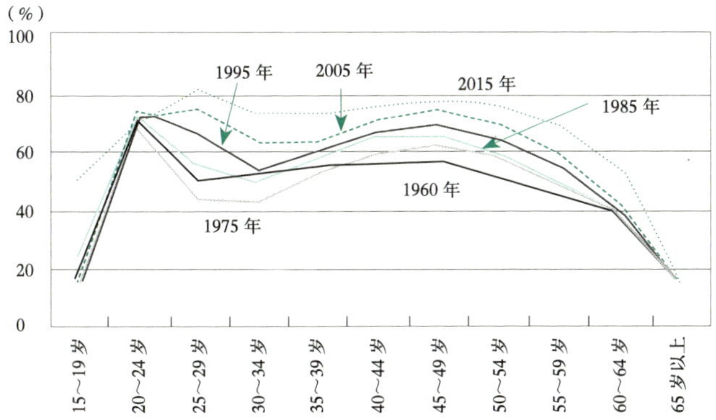

图 2-9　不同年份各年龄段女性劳动力占比[①]

1972 年，联合国大会通过决议，将 1975 年定为“国际妇女年”，这标志着全球范围内女性权益保障运动的深入发展。在这一背景下，日本也积极响应国际潮流，通过立法保障、教育改革等一系列举措，不断提升女性社会地位。在就业方面，女性就业率稳步提高，职业发展空间不断拓展，经济独立性显著增强。

女性社会地位和经济地位的提升不仅改变了传统婚姻观念，也为女性提供了更多的选择空间。时至今日，越来越多的女性选择工

① 资料来源：日本总务省“国势调查”。

作，其中既有因未婚而工作的女性，也有婚后依然活跃在职场中的女性。

女性不需要依赖男性来维持生计，这使得婚姻不再是一个必然选择。尽管日本社会中的男女薪资差距依然存在，但不可否认的是，随着社会观念的进步和相关政策的实施，这一差距正在逐步缩小（图 2-10）。

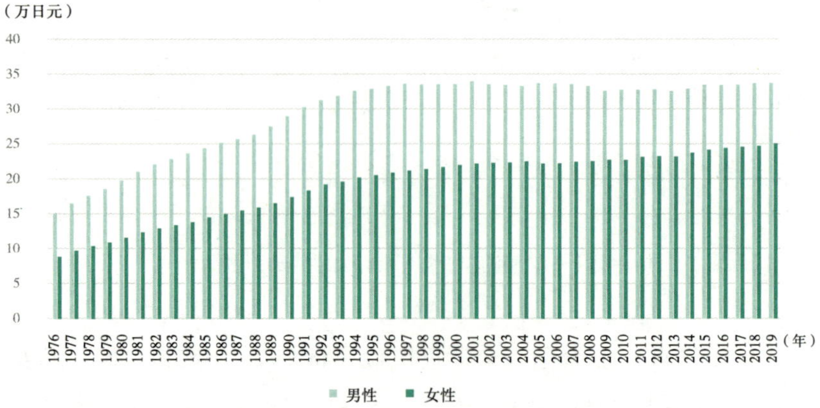

图 2-10 不同期间男女职员薪资对比[①]

导致未婚率攀升的另一个原因，是符合女性理想结婚条件的男性——拥有正式员工身份且年收入较高——数量大幅减少。这一现象与 1997 年亚洲金融危机的爆发密切相关。前文提到，金融危机

① 资料来源：日本厚生劳动省“报酬构造基本统计”。

爆发后，企业为了降低成本，纷纷转向雇用非正式员工，导致男性正式员工的比例大幅下降。

从产业结构的角度来看，进入第三消费时代以后，服务产业迅猛扩张，成为带动经济增长的主力板块。然而，由于服务行业的许多岗位有明显的季节性和临时性特征，像旅游旺季这样的阶段性人力需求，使得企业更倾向于雇用非正式员工。随着服务产业规模的扩大，非正式员工的比例随之上升。过去服务产业的非正式员工以女性为主，但如今这一群体中男性的占比显著上升。这就导致年收入较少的男性更多了。

这种劳动力市场的变化，不仅改变了男性的就业结构，也对婚姻市场产生了深远影响。随着正式员工数量的减少，符合传统婚姻观念中“理想结婚对象”条件的男性也随之减少，这在一定程度上加剧了未婚率的上升趋势。

未婚率上升，直接导致了少子化现象的加剧，这一问题已成为影响社会可持续发展的重大挑战。当然，女性经济地位的提升和男性年收入减少其实只是未婚率提升的其中一个原因，实际的成因要复杂得多，这里暂不赘述。

未婚率上升对消费模式也产生了深远影响。比如，未婚人群更倾向于满足个人需求的消费（如娱乐、旅行、时尚、健康等），而非家庭相关的开支（如育儿、住房等），更愿意追求独特的产品和体验。这种转变推动了“单身经济”的兴起，催生了针对单身人群的产品和服务，如一人份食品、小型家电、单身公寓等。再如，未婚人群对服务行业的需求显著增加，尤其是外卖、家政等。这种需求直接推动了服务行业的创新和发展，比如外卖平台的普及。

从个人消费到产业结构，从休闲娱乐到生活需求，未婚人群的消费行为正在重塑现代经济的面貌。企业和政策制定者需要关注这一趋势，以更好地适应和满足未婚人群的需求，同时应对由此带来的社会和经济挑战。

高收入夫妻群体不断壮大

除了各类单身家庭数量增加对消费趋势的影响，夫妻双方收入占比的变化同样能够反映出消费趋势的潜在变化。

根据日本三菱综合研究所的调研数据（表 2-2），在 25～54 岁的已婚女性群体中，年收入不足 100 万日元的女性，其丈夫年收入超过 600 万日元的占比高达 64.5%。这一数据表明，日本社会仍普遍存在“男主外、女主内”的传统家庭分工模式。

但是，一个毋庸置疑的发展趋势是，女性年收入的提升与其丈夫的年收入水平呈现出显著的正相关性。年收入在 100 万～200 万日元的女性群体中，其丈夫年收入低于 400 万日元的占比为 34.1%；而在年收入超过 500 万日元的高收入女性中，其丈夫年收入同样达到 500 万日元以上的占比高达 67.8%。

此外，还有一个值得注意的现象，夫妻双方中妻子年收入达到 500 万日元而丈夫未及这一水平的家庭占比已达 29.3%，其中丈夫年收入不足 100 万日元的家庭占比 10.4%。这就意味着，尽管丈夫年收入高于妻子的家庭仍占据主导地位，但以妻子为主要经济支柱的家庭占比呈现出明显的上升趋势，女性在家庭经济中的主导地位正逐步显现。

表 2-2　25～54 岁不同年收入已婚女性的丈夫年收入占比[①]

男性年收入 / 女性年收入	参与调查人数	占比						
		100 万日元以下	100 万～300 万日元	300 万～400 万日元	400 万～500 万日元	500 万～600 万日元	600 万～800 万日元	800 万日元以上
不足 50 万日元	2235	5.2%	7.8%	10.6%	15.3%	14.5%	18.4%	17.4%
50 万～100 万日元	893	3.6%	13.3%	12.5%	18.6%	13.3%	16.2%	12.5%
100 万～200 万日元	781	1.4%	17.5%	15.2%	18.8%	13.8%	15.2%	11.4%
200 万～300 万日元	526	2.9%	15.4%	16.5%	20.7%	14.6%	15.8%	8.7%
300 万～400 万日元	411	2.7%	7.1%	20.2%	22.1%	16.5%	19.5%	8.0%
400 万～500 万日元	244	3.3%	6.6%	7.8%	27.9%	18.9%	16.8%	15.2%
500 万日元以上	280	10.4%	7.1%	5.0%	6.8%	21.4%	18.9%	27.5%
合计	5640	4.0%	10.4%	12.0%	16.8%	14.3%	16.7%	14.0%

① 资料来源：日本三菱综合研究所“生活者市场预测系统”（2023 年）。

这一现象主要源于女性社会地位和经济地位的提升。随着女性在教育、就业等方面获得更多机会，其职业发展能力大幅提高。这种变化不仅促使女性自身的年收入显著增长，也推动了高收入夫妻数量的增加。以年收入超过 500 万日元的已婚女性为例，夫妇合计年收入 1000 万日元以上的占比高达 82.6%，其中更有 30.8% 的夫妻合计年收入突破 1500 万日元（图 2-11）。在日本，这类夫妻被形象地称为“能量夫妇”，他们不仅代表了高学历、高收入的双职工家庭模式，更体现了现代家庭经济结构的转型趋势。

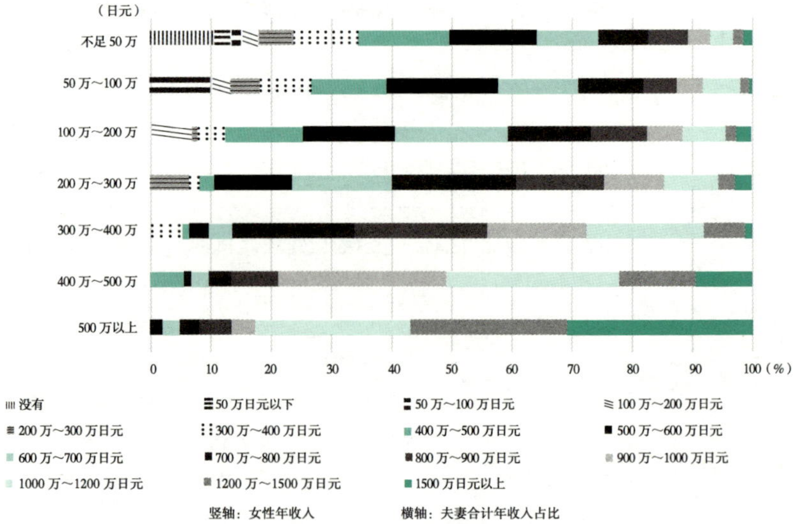

图 2-11 不同年收入已婚女性的夫妻合计年收入占比①

① 资料来源：日本三菱综合研究所“生活者市场预测系统”（2023 年）。

然而，在年收入200万～300万日元的女性群体中，夫妻合计年收入达到1000万日元以上的占比仅14.6%。这一数据与高收入女性群体的数量形成鲜明对比。

回顾过去，传统家庭模式呈现出“低收入男性的妻子往往是职业女性，收入高，而高收入男性的妻子往往是全职主妇，不工作”的特征，这种互补性使得家庭之间夫妻合计年收入的差距相对较小。但随着现代家庭结构的演变，特别是高学历、高收入女性群体的崛起，这种互补模式逐渐被“双高收入”模式取代，家庭之间夫妻合计年收入的差距显著扩大。

高收入夫妻数量的增加对消费市场的影响同样是多方面且深远的。比如，高收入夫妻的消费不再局限于基本生活需求，而是更多地转向高品质、个性化、体验式的消费，如有机食品、智能家居、定制化旅游、高品质房产等。这不仅会推动消费结构的升级和消费市场的细分，还对企业的品牌策略、产品升级、营销方式提出了新的要求。企业要敏锐捕捉这一群体的需求变化，不断创新，调整策略，抓住市场新机遇。

2.2 单身家庭的消费支出变化

这一节，我们按消费品类，详细分析一下不同年龄段的男女单身家庭的消费支出情况。考虑到覆盖所有年龄会过于繁杂，我们将聚焦于一些特征较为明显的年龄段——34 岁以下的青年，35～59 岁的中年，以及 60 岁以上的老年。

可能有读者会问，为什么不分析全部家庭，而只聚焦于单身家庭的消费支出呢？这是因为单身家庭的消费数据能更清晰地反映出消费时代变化的趋势。以家庭为单位进行分析时，家庭成员之间的消费行为往往会相互抵消，从而影响对某一品类增长率变化规律的判断。比如，在一个两人以上的家庭，儿子增加了汽车消费，父亲却减少了汽车消费，那么家庭整体的汽车支出就会正负相抵，导致增长率显示为 0。此外，老年人比例的增加及家庭成员的减少也会对消费数据产生影响。相比之下，将整体消费支出拆分为单身家庭的消费支出，并按照性别和年龄进行分析，更能精准反映消费变化的趋势，为市场策略的制定提供更具针对性的依据。

美容和健康方面的支出在增长

过去 30 年间，不论是两人以上家庭还是单身家庭，整体的消费支出都呈现出持续下降的趋势。在这样的背景下，如果某一消费项目在 20 年内实现了 40% 以上的增长，那就可以说，该项目的消费支出大幅增加。

那么，究竟有哪些项目在如此低迷的消费环境中逆势增长，实现显著提升了呢？我们不妨先揭晓结论——与健康、美容相关的支出在大幅增加。这一现象不仅反映了消费趋势的变化，更深刻揭示了日本社会结构的转型。在单身家庭数量持续攀升及社会加速迈入超老龄化阶段的背景下，人们更加重视健康和美容。毕竟，在竞争日益激烈的就业环境中，形象良好、身体健康的人显然比形象不佳、健康状况不良者更具优势。

2021 年，日本政府修订了《高龄人群雇用安定法》。新法取消了传统的 60 岁退休制度，推行“继续雇用制度”，只要员工个人提出要求，企业必须履行“义务”雇用员工至 65 岁，并尽可能延长至 70 岁。在“工作到 70 岁”成为社会常态的时代，为了在更长的工作年限中保持竞争力，人们对健康和容貌的提升需求将愈发强烈。

西式饮食习惯的普及

在主要食品种类的消费趋势中，大米的支出大幅减少，而面包和乳制品的消费则持续攀升（图 2-12）。这一变化，意味着日本人的饮食习惯正在从传统的日式饮食转向西式风格。

值得注意的是，这种转变在老年人群体中同样显著。目前60～79 岁的老年人，多出生于第二消费时代，这正是一个崇尚美国式富裕、大规模生产和消费的时代，肯德基、麦当劳等西式快餐品牌就是在这一时期进入日本，并塑造了整整一代人的饮食文化。如今，很多老年人在年轻时就已经非常习惯于西式饮食，即使步入老年，他们仍然保持着这样的饮食习惯。

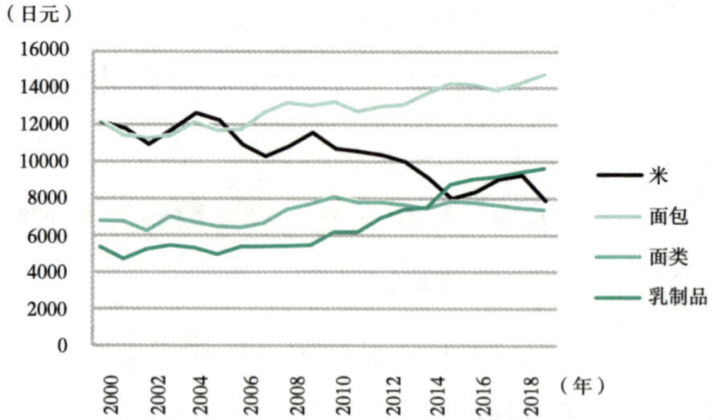

图 2-12 主要食品的消费支出变化[①]

① 资料来源：日本总务省“家庭财务调查”。三浦展绘制。

过去，人们普遍认为老年人偏爱鱼类等传统日式食物，但这一观念已经不再适用于当下，老年人的饮食习惯发生了巨大改变。

健康意识越来越强

尽管很多人认为吃鱼对健康有益，但近年来，日本的鱼类消费却呈现下降趋势（图 2-13）。这一现象背后有双重原因：首先，随着全球市场对鱼类需求的增加，日本市场上售卖的鱼价格不断上涨；其次，当下日本人的饮食习惯发生了一些变化，逐渐从传统的鱼类消费转向其他食物。

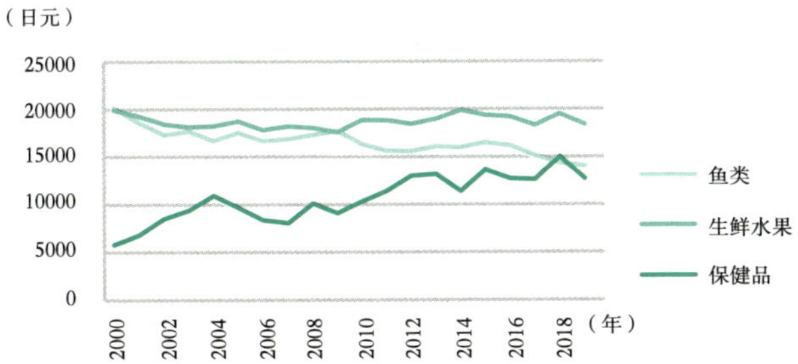

图 2-13　鱼类、水果、保健品的消费支出变化[①]

尽管鱼类消费减少，日本人对健康的关注度却不降反升。那

① 资料来源：日本总务省“家庭财务调查”。三浦展绘制。

么，DHA① 等鱼类富含的营养物质该从哪里摄取呢？答案是营养保健品，如各种品牌的 DHA 藻油。除此以外，营养保健品还有各种维生素补充剂、钙补充剂等，它们正在成为人们保持健康、获取必要营养素的重要来源。

随着健康意识的提升，大米等富含碳水化合物的食品因为被认为容易导致肥胖、不利于健康而逐渐被冷落，取而代之的是富含蛋白质、有助于增肌的食品，如牛奶、酸奶、奶酪等乳制品。尤其是酸奶，不仅能够提供蛋白质，也对肠胃健康有益，同时还具有细腻顺滑的口感，因此成为备受青睐的消费选择。其中，以老年女性为主的消费群体在酸奶上的支出尤为显著（图 2-14）。

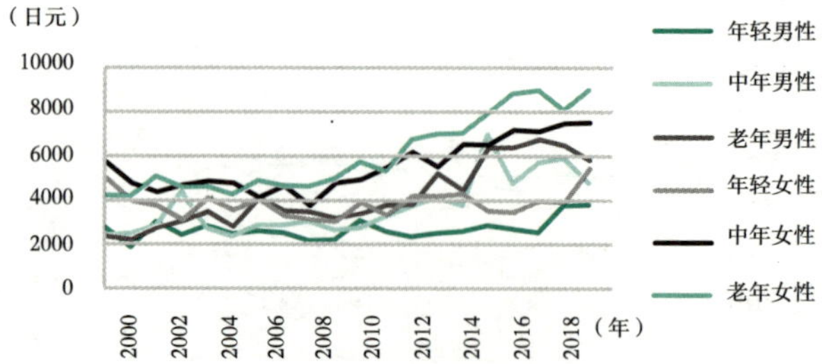

图 2-14　酸奶的消费支出变化

此外，蔬菜和水果作为健康饮食的重要组成部分，一直深受消费者青睐。然而，由于一次性摄入多种蔬菜和水果的难度较大，为

① 一种多不饱和脂肪酸，可以辅助脑细胞发育、抗衰老、改善血液循环等。

了便捷地摄取维生素、膳食纤维和蛋白质，越来越多的消费者倾向于在便利店或者超市购买经过加工的沙拉，比如搭配蔬菜、水果、鸡肉的沙拉。沙拉不仅满足了营养均衡的需求，还提供了即食的便利性，尤其是职场中年男性，更倾向于选择沙拉作为日常饮食的首选，兼顾健康和效率（图 2-15）。

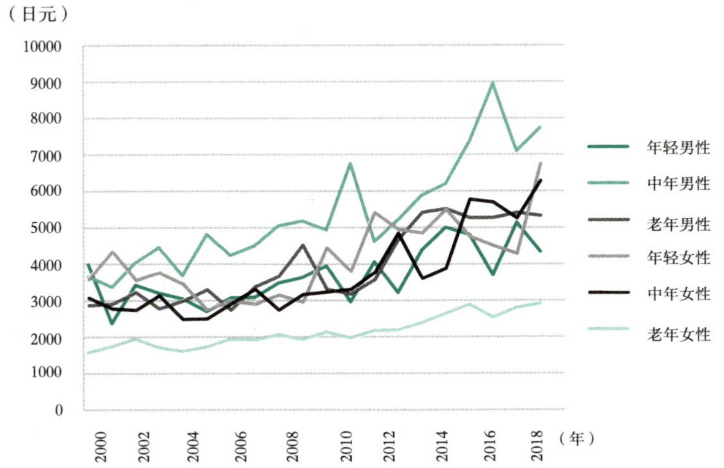

图 2-15 沙拉的消费支出变化

寝具也可以成为一种“保健品”

随着单身家庭数量的不断增加，缓解疲劳的责任也落到了个人身上。与此同时，由于双职工家庭的普及，妻子同样忙于工作，无暇顾及帮丈夫揉肩等琐事。“自己的健康自己守护”的时代已经到来。

而且，日本人的睡眠时间普遍较短，越来越多的人开始追求高质量的睡眠。购买高品质寝具，享受一夜好眠，已经成为许多日本人最迫切的需求之一。在这一趋势下，寝具类产品也成为消费增长幅度较大的品类之一，并且男性消费增幅整体要高于女性（表 2-3）。

寝具消费的大幅增长，意味着当今日本人开始更加关注睡眠健康，并愿意通过高品质的寝具来提高生活质量。这种消费趋势，不仅反映了人们对自我健康的关怀，也揭示了功能性寝具在未来消费市场中的巨大潜力。

表 2-3 寝具相关支出增长率①

	男 34 岁以下	男 35～59 岁	男 60 岁以上	女 34 岁以下	女 35～59 岁	女 60 岁以上
被子	407%	67%	57%	597%	23%	48%
毛毯	29%	54%	62%	12%	249%	77%
床单	435%	195%	17%	26%	69%	67%
枕头	186%	145%	116%	207%	173%	206%

男性消费女性化

在医疗保健领域，成年男女的消费支出均呈现增长趋势。不过，

① 资料来源：日本总务省“家庭财务调查”。三浦展制作。

男性，尤其是老年男性，在医药品、保健用品等方面的消费增长尤为显著（表 2-4）。这一现象可能很大程度上源于男性消费行为的转变——他们开始效仿女性的消费习惯，购买以往多由女性购买的商品，比如营养补充剂。由于男性在这些领域的传统支出基数较低，因此即使增长幅度不大，其增长率也会显得格外突出。

表 2-4 近 15 年医疗保健消费支出增长率[①]

	男 34 岁以下	男 35～59 岁	男 60 岁以上	女 34 岁以下	女 35～59 岁	女 60 岁以上
医药品	120%	163%	152%	175%	110%	132%
外伤或皮肤病药品	65%	169%	166%	346%	119%	132%
其他医药品	203%	296%	220%	252%	160%	186%
保健用品	239%	172%	103%	126%	134%	147%
保健用消费品	169%	151%	136%	120%	146%	150%
眼镜	120%	138%	100%	152%	83%	80%
隐形眼镜	131%	111%	/	95%	260%	75%
其他保健医疗用品	301%	200%	291%	155%	112%	77%
牙科医疗费	74%	85%	194%	91%	114%	143%

此外，在美容美发方面，男性的消费增长同样显著，中老年男性在各个美容美发项目上的消费增幅尤为突出。

过去男性几乎不会把钱花在美容上，但如今男性更加注重通过

① 资料来源：日本总务省“家庭财务调查”。三浦展制作。

护肤、美容、美发等，让自己看起来更年轻、更体面。这不仅是为了提升个人形象，对于职场竞争力也有一定的加分作用。同时，越来越多的中老年男性开始意识到皮肤和头发的老化问题，积极采取相应的抗衰措施（表 2-5）。

与此同时，面对年轻女性客户减少的现实挑战，美容行业也迅速调整策略，推出了更多针对男性的美容产品和服务，进一步推动了这一消费趋势的增长。

表 2-5 近 15 年美容美发相关支出增长率①

	男 34 岁以下	男 35～59 岁	男 60 岁以上	女 34 岁以下	女 35～59 岁	女 60 岁以上
烫发	223%	104%	47%	24%	49%	57%
剪发	152%	336%	228%	69%	104%	110%
牙刷	170%	175%	195%	99%	157%	183%
洗发水、护发素	95%	157%	123%	94%	181%	123%
牙膏	180%	181%	172%	153%	150%	190%
面霜	87%	227%	184%	107%	146%	111%
化妆水	164%	163%	142%	75%	123%	101%
乳液	477%	214%	73%	65%	143%	89%
粉饼	248%	/	64%	112%	133%	93%
口红	149%	185%	223%	172%	146%	97%

① 资料来源：日本总务省“家庭财务调查”。三浦展制作。

弱化年龄和性别差异的消费趋势

当今的消费趋势正逐渐打破年龄与性别的界限——年轻人的消费行为向中老年人靠拢，男性的消费行为向女性趋近。换句话说，原本面向老年人的商品，如今也能吸引中年人和年轻人；而传统上针对女性的商品，如今同样能够赢得男性的青睐。比如，运动服和户外服装早已跳脱年龄与性别的限制，成为大众日常穿搭的选择。

这种趋势表明，未来的消费市场将更加注重多元与包容，年龄和性别不再是区分目标用户的主要维度，取而代之的是生活方式、审美偏好和个体价值观。

尽管在过去的几十年里，日本的 GDP（国内生产总值）、消费及国民收入增长有限，宏观经济数据乍看之下乏善可陈。然而，如果深入观察，我们会发现，虽然国家层面的经济增长并不显著，但在消费社会的微观世界中，许多领域却呈现出显著的变化。这种动态变化表明，即使在经济低增长甚至停滞的背景下，只要能精准满足消费者的需求，仍然存在大量可以发展的领域。这一点是毋庸置疑的。

PART TWO

第五消费时代的价值观变化

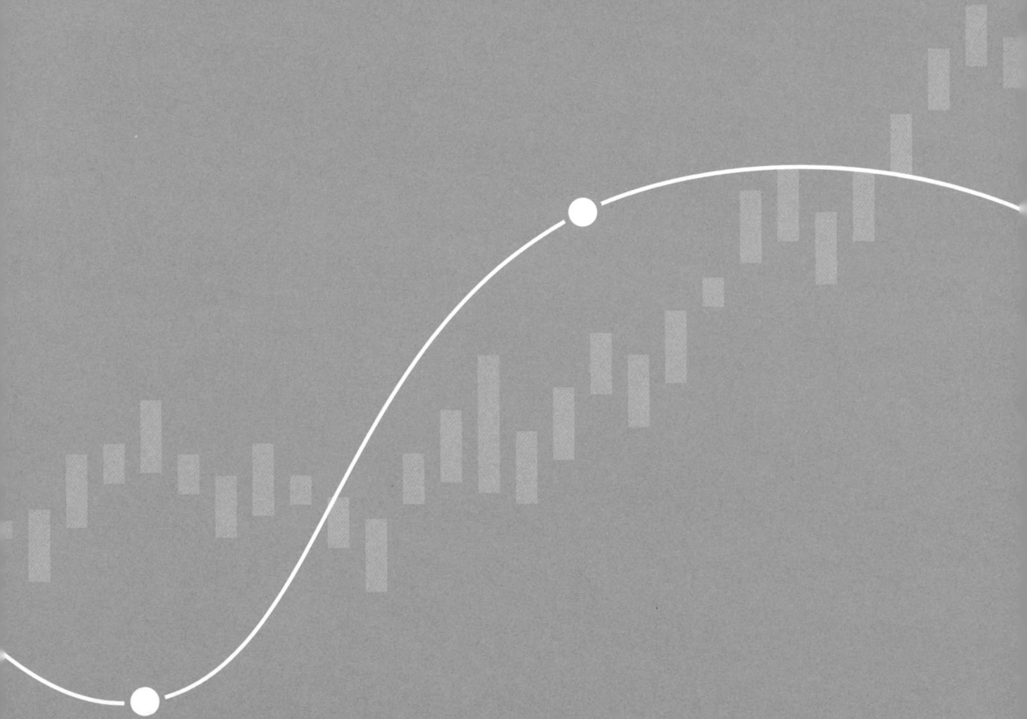

第三章

重视精神生活的消费价值观转向

3.1 日本社会的价值观转向

近 40 年来日本人悠闲、佛系的价值观变迁

日本 NHK 广播电视文化研究所曾开展过一项名为“日本人意识调查”[①] 的长期研究，分析探讨日本人的生活目标变化。调查结果显示，选择“认真制定计划，过上富裕的生活”（利益导向）的人群占比从 1973 年的 33% 下降到 2018 年的 24%。与此相对，选择“和身边的人和和美美地过好每一天”（爱与和谐导向）的人群占比从 31% 上升至 46%（图 3-1）。

① 该调查旨在深入探究日本民众对生活及社会的态度和观念演变，自 1973 年启动以来，每五年定期开展一次。

这一趋势表明，自 20 世纪 70 年代日本社会基本实现“全民中产”以来，大部分人的生活已经达到相对富足的水平，单纯追求物质财富不再是他们的首要生活目标，他们更倾向于与家人、朋友共同享受美好生活。

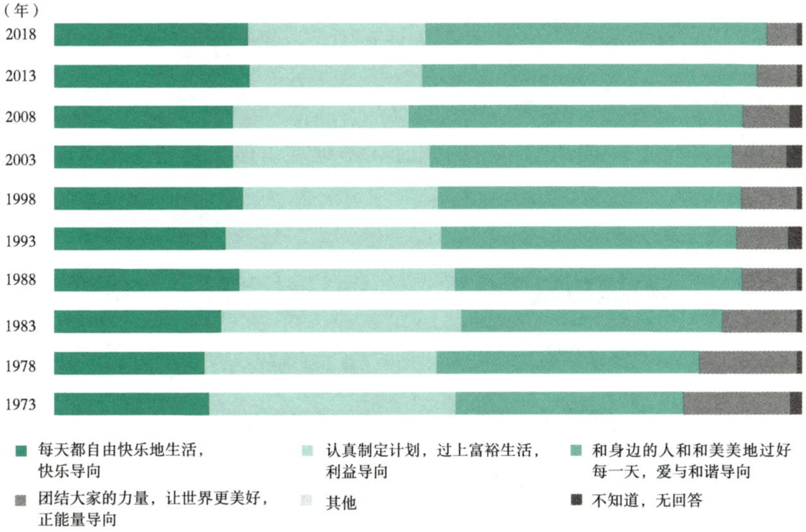

图 3-1 日本人的生活目标变化[①]

NHK 还开展过一项针对初中生和高中生的“人生观”调查，分别在 1982 年、1987 年、1992 年三个时间节点采集数据，而这三个时间节点恰好对应了日本社会发展的三个关键时期：从第三消费

① 资料来源：日本 NHK 广播电视文化研究所“日本人意识调查”。

时代的兴起，到泡沫经济时代的繁荣，再到泡沫经济的破裂。

该调查围绕“正确的人生观”展开，提供了两个选项：一是“为了不输给别人而努力”（下文简称“努力”），二是“悠闲地享受自己的人生”（下文简称“悠闲”）。数据显示，1982 年，63% 的初中生选择了“努力”，但到 1992 年，这一占比下降至 52%。与此同时，选择“悠闲”的初中生占比则从 34% 上升至 44%。在高中生群体中，选择“悠闲”的人数也有所增加，而选择“努力”的人数略有减少。后续几个年份的调查数据延续了这一趋势（图 3-2）。

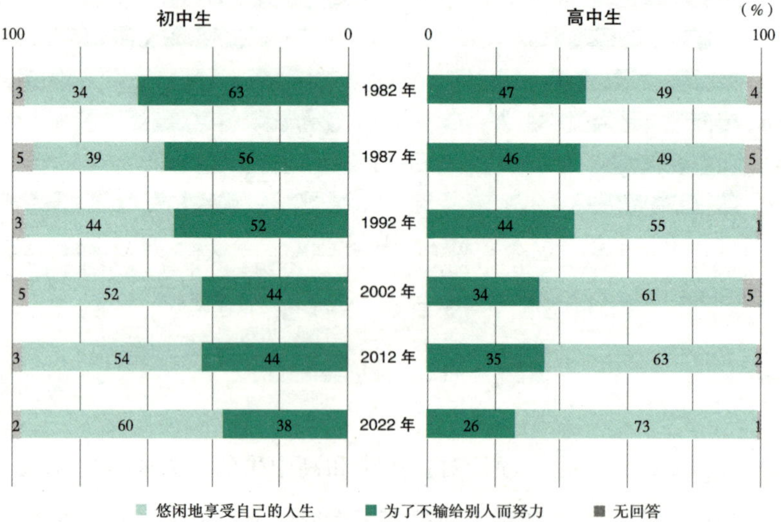

图 3-2 初中生和高中生的人生观变化[①]

① 日本 NHK 广播电视文化研究所“初中生和高中生的人生观调查”。

我曾多次面向来日本考察的中国企业家演讲，上面提到的这种价值观转向，对于他们中的一部分人来说有些难以理解。这或许源于他们根深蒂固的印象——日本人始终保持着“不懈努力”的状态，又或许中国经济的迅猛发展塑造了企业家们“不甘人后”的奋斗精神，他们正是凭借这种精神取得了成功。

我曾经把这些数据拿给丰田等大企业的营销负责人看，他们也都大吃一惊，一位丰田员工甚至低声慨叹“日本‘完蛋’了”。然而，时至今日，当这些数据再次呈现在人们眼前时，恐怕没有人会感到意外。无论是中国企业家“不甘人后”的奋斗精神，还是过去日本年轻人“为了不输给别人而努力”的人生观，在当今的消费社会已逐渐退居次席。新一代消费者的价值观和消费意识正在从对竞争与成功的渴望转向对个人生活品质与内心满足的追求。

在演讲中，我也向在座的中国企业家提出了一个问题：如果大多数人的价值观逐渐转向追求悠闲舒适的生活，消费趋势会发生怎样的变化？以汽车为例，那些追求“努力”的人和追求“悠闲”的人，他们对于车的需求有什么区别呢？

中国企业家给出的答案是，对于追求“努力”的人来说，车不仅是一种代步工具，更是身份和地位的象征，他们倾向于选择豪华品牌，比如奔驰、宝马。还有一些年轻女性提到了兰博基尼。

那么，日本追求“努力”的消费者倾向于选择什么车呢？我的答案是丰田推出的 SUPRA。这款车于 1986 年推出，迅速在年轻人中掀起购买热潮。考虑到日本人 18 岁才可以考驾照，1986 年正好是 1968 年出生的一代迈入成年。而这批人正是我们前文提到的在 1982 年中学时期价值观更偏向“努力”的一代。面对这些抱有“努力”意识的消费者，丰田给出的解决方案正是 SUPRA。这款车以其卓越的性能和时尚的设计满足了年轻人对“速度与激情”的追求，更成为他们彰显个性、追求卓越的象征。

那些追求“悠闲”的日本人又想要什么样的车呢？这对中国企业家来说似乎是一个难以回答的问题。我的答案是日产的 CUBE 和铃木的 LAPIN，这两款车的开发和发售我都参与过，CUBE 的月销量一度达到了惊人的 3 万台，而 LAPIN 至今仍然广受欢迎（图 3-3）。

相比之下，SUPRA 则在 2002 年宣布停产。尽管这款车在 2019 年以 GR SUPRA 的名义重返市场，但反响平平。原因之一或许是它把目标客群锁定在 1986 年 18 岁的“SUPRA 鼻祖一代”，但主力消费群体的价值观早已发生了根本性变化。面对已经转向追求悠闲舒适生活的新一代消费者，原有的产品理念显然不再适用，即便改了名字，也是换汤不换药，无法真正打动人心。

图 3-3 日本人喜爱的汽车车型变迁

当下日本人对物质生活的强烈追求

日本内阁府会定期开展“国民生活民意调查”，旨在深入了解国民对未来生活的规划与期望。调查中提出的一个核心问题是：你认为未来应该更重视提高物质生活水平，让生活更加富裕，还是当下物质条件已经足够，希望在精神层面获得更多满足，享受悠闲的生活？（图 3-4）

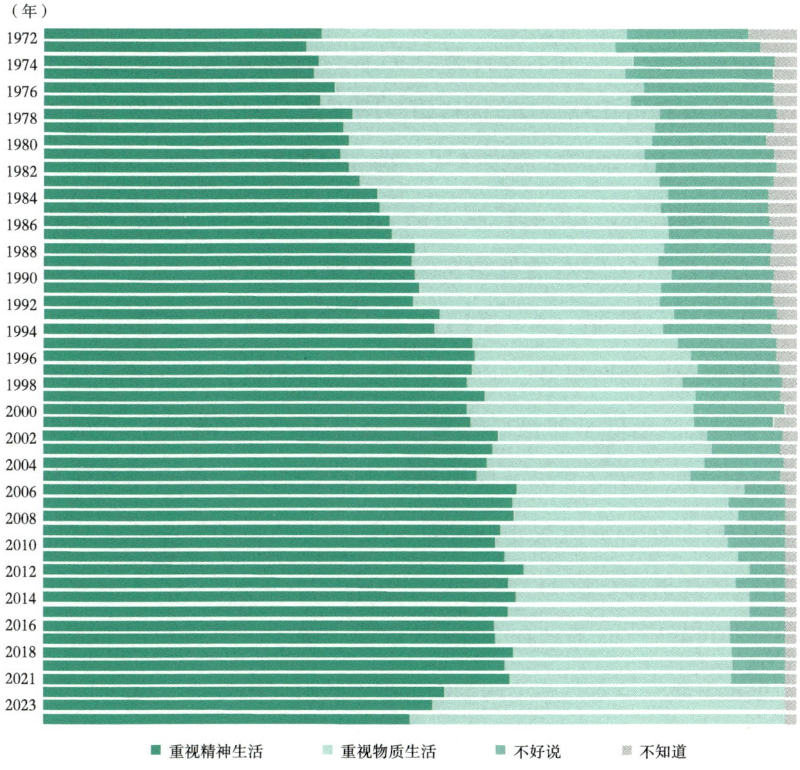

图 3-4　国民生活民意调查[①]

① 日本内阁府“国民生活民意调查”。

“二战”后，由于物质匮乏，追求更好的物质生活曾是一种普遍的社会意识。但是，随着经济发展和社会结构变化，人们的价值取向逐渐发生转变。自第三消费时代以来，越来越多的人开始追求精神上的满足。这一趋势在2000年以后趋于稳定，当时57%的日本民众更倾向于选择“重视精神生活”。然而，受新冠疫情和物价上涨等外部因素的叠加影响，“重视精神生活”的人群占比从2021年开始急剧下降，2023年一度下降到了48.8%（2020年因新冠疫情未开展相关调查）。

与此相对，“重视物质生活”的人群占比在2000年以后长期维持在30%左右的低位，与“重视精神生活”的趋势形成了鲜明对比。然而，这一格局自2021年起被打破，“重视物质生活”的占比急剧攀升，2023年更是高达50%，创下了这项调查开展50多年以来的最高纪录，“重视精神生活”和“重视物质生活”两种取向首次呈现出势均力敌的局面。这一现象深刻反映了当前社会价值观念的剧烈变迁，也凸显了外部环境对民众生活选择的深远影响。

值得注意的是，在2019年以前，除了“重视精神生活”和“重视物质生活”这两个明确的选项，还有“不好说”和“不知道”两个模糊的选项。数据显示，2019年，选择“不好说”的受访者占比7.2%，选择“不知道”的受访者占比1.1%，两者合计8.3%。然而，自2021年起，选择这两种模糊选项的受访者合计骤降至1.4%，剩下的6.7%绝大多数转向了“重视精神生活”或“重视物质生活”的明确立场。即便这6.7%的受访者全部选择“重视物质生活”，也仅能使“重视物质生活”的占比从约 30% 提升至约 37%。上文说过，2023 年选择“重视物质生活”的受访者占比已攀升至 50%，这意味着至少有约 13% 的受访者从“重视精神生活”转变为“重视物质生活”。

尽管这种调查并非绝对科学，但“重视物质生活”群体规模的显著增长是毋庸置疑的。在可预见的未来，如果民众收入增长乏力，这一趋势很可能会进一步延续。与此同时，“重视精神生活”是否重拾增长势头，在很大程度上取决于当前实施的收入增长政策能否取得实质性成效。

随着日本社会进入全新的消费时代，我开展了一项关于“第五消费时代”的社会调查，旨在探究日本人是如何进行消费的。本次调查采用了与日本内阁府“国民生活民意调查”相同的问卷设计，询问受访者更重视精神生活还是物质生活。调查显示，“更重视精神生活”和“更重视物质生活”的占比分别是 48% 和 52%，这一数据与日本内阁府 2024 年的调查数据（53% 和 46%）比较接近。

此外，调查结果显示，对“精神”和“物质”的重视程度呈现出显著的阶层差异。具体来看，在上层和中上阶层群体中，“重视精神生活”的人群占 20.7%，“比较重视精神生活”的人群占 55.3%，而在中产阶层中，“重视精神生活”的人群占 11.8%，“比较重视精神生活”的人群占 46.5%；在中下阶层群体中，“重视精神生活”的人群占 6.8%，“比较重视精神生活”的人群占 28.7%（图 3-5）。

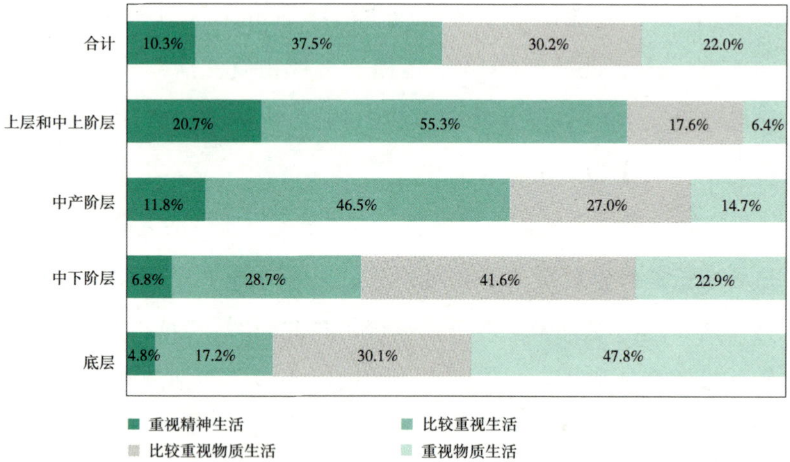

图 3-5 不同阶层的价值观选择差异[①]

这意味着，“重视精神生活”的倾向与年收入水平呈现出明显的正相关性，年收入越高的人群，越倾向于追求精神生活的富足。虽然学历上的差异也会在一定程度上影响人们对“精神生活”与“物质生活”的选择，但其影响力远不及年收入水平。此外，婚姻状况虽然对价值观的选择有一定影响，但其作用也远不如年收入水平（图 3-6）。

① 资料来源：Culture Studies（文化研究所）“第五消费时代调查”（2024）。

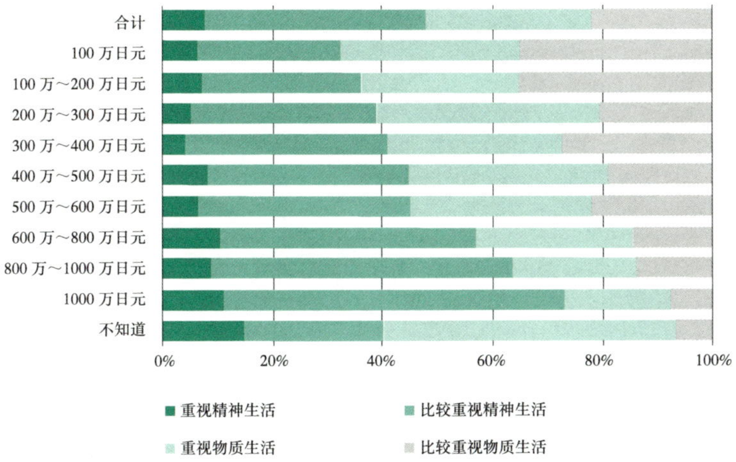

图 3-6　不同年收入水平的价值观选择差异[①]

不过，需要指出的是，即便在特殊时期出现了价值取向上的短期波动，但日本人重视精神生活的大方向仍然是确定的。当前民众对物质生活的追求更多是应对危机的暂时性调整，而非根本性的价值观念的转变。因此，在制定相关政策、寻求应对方式时，既要关注短期内民众对物质保障的迫切需求，也要着眼于维护和促进精神生活这一长期的社会价值取向。

① 资料来源：Culture Studies“第五消费时代调查”（2024）。

3.2 当前中国社会的价值观趋势

在为中国企业家所做的演讲中，我通常会展示上一节图 3-4 的内容，并抛出一个问题："这张图表展现了日本社会价值观的变化轨迹，你认为当前中国社会的价值观处于哪个阶段呢？"

中国企业家对于当前中国社会的价值观倾向呈现出多元化的观点。多数人认为，"中国正处于从重视物质转向重视精神的关键时期"。这一观察与中国社会的现实发展比较契合，也与日本 20 世纪 80 年代的社会转型期形成鲜明对照。

还有一些人认为，"中国目前仍处于以物质追求为主导的阶段"，这一判断与日本 20 世纪 70 年代初期的社会状态高度相似。另一些人则认为，"中国正处于物质追求和精神追求势均力敌的阶段"，这一观点与日本 20 世纪 70 年代后期的社会价值观相对应。

当然，也有人认为，“中国已经达到与 2000 年的日本相当的发展水平，约有 60% 的中国人开始重视精神生活”。需要指出的是，由于中国存在显著的阶层差距和地域发展不平衡，观点之间有分歧是十分正常的，这恰恰反映了中国社会的复杂性和多样性。

虽然我的观察未必具有代表性，但通过对参加演讲的中国企业家的衣着、举止等方面的综合观察，我认为中国社会正步入一个追求精神富足的新时代，人们将越来越注重内心的充实与精神世界的丰富。

以服装为例。来日本考察的中国企业家中，虽然不乏企业管理者，许多人却不知道如何通过商品让消费者切实感受到精神富足。当然，也有一些颇具洞察力的优秀企业家敏锐地意识到，未来商品的功能性将不再是核心，取而代之的是为消费者提供情绪价值。然而，大多数企业家仍然坚持认为，商品的功能性才是最重要的。因此，他们能够理解优衣库畅销的原因，却难以理解为何二手服装在日本和欧美如此受欢迎。中国时尚爱好者往往热衷于追求名牌，但很少有人深入思考：穿名牌真的能让自己感到满足吗？内心的富足是否因此得到了提升？

一位中国男士曾向我分享他的困惑：“我刚刚买了一条做旧牛仔裤，但说实话，我也不知道自己为什么要买这样的裤子。”确实，他是我见到的第一个穿做旧牛仔裤的中国人，大多数中国人更倾向于购买崭新、干净、简洁的款式。这位男士虽然购买了做旧牛仔裤，却无法解释自己为什么会被它吸引。在日本，即便是一位 70 多岁的老年人，也会选择穿做旧牛仔裤，彰显个性，或者作为另一种精神层面的“炫富”——通过独特的穿衣风格来展现其生活态度。相比之下，这位中国男士的购买行为是一种无意识的尝试，尚未上升到个性表达或精神追求层面。

当然，日本社会也并非从一开始就接受做旧、破洞等个性化设计的牛仔裤，曾经只有摇滚歌手等特定群体才会如此穿着，以此彰显反叛精神与个性表达。近 30 年来，随着社会价值观的变迁和消费文化的演进，日本普通民众也开始逐渐接受并欣赏这类个性化服装。

不过，当下中国年轻一代的审美取向与消费理念已经悄然转型。他们不再满足于千篇一律的工业化成衣，而是愈发青睐那些能够彰显独特个性、传递自我态度的服装设计，独立设计师品牌、小众潮牌和定制服饰逐渐成为他们的心头好。与此同时，越来越多的年轻人开始关注服装背后的文化内涵与设计理念，希望通过穿着来传递自己的价值观与生活态度。

这种转变不仅体现了个体意识的觉醒，也反映了整个社会对精神生活的追求，预示着中国社会正朝着更加注重精神富足的方向稳步前行。

3.3 企业如何应对消费心理的变化

就汽车而言，在事业上取得成功的人，无论是开奔驰、兰博基尼还是保时捷，都是个人的自由，无可厚非。然而，若断言所有消费者都是为了“不输给别人而努力”的人，那就太武断了。消费者的心理始终处于不断变化之中，尤其是在社会日益富裕之后，这种变化会更加显著。企业若想持续获得成功，就必须敏锐捕捉并积极响应这种消费心理的变化。

接下来，我们就以丰田汽车为例，深入分析一下这家全球领先的汽车制造商在应对消费者心理变化所带来的挑战时的严重失误。

丰田的企业文化以“追求完美、厌恶失败”而闻名，其员工甚至被认为是“日本最不允许失败的一群人”。在公司内部，甚至流传着这样一个趣闻：员工在打字时，只要按下“R”键，就会自动出现

"超越"（日语发音为 Ryouga）一词。这个细节生动体现了丰田追求卓越的态度。对于这些深受丰田文化熏陶的员工而言，"即使输了也无所谓""从容不迫"的价值观是难以理解和接受的。

我曾带领丰田的员工前往东京下北泽地区，深入观察年轻一代的生活方式。在这次考察中，发生了一段有趣的小插曲。当时，明明正值中午，却有一家餐厅迟迟未开门营业；而原定于 13 点开门的杂货店，直到 13 点 10 分仍大门紧闭。面对这种与丰田企业文化截然不同的生活节奏，一位员工按捺不住内心的愤怒，激动地喊道："我们每天都加班加点，拼命工作，这个城市到底是怎么回事？适可而止吧！"说完便愤然返回公司。

在这样的企业文化熏陶下，虽然早在 2000 年丰田就推出了名为"bB"的紧凑型轿车，凭借独特的厢式设计和个性化定位，迅速在年轻消费群体中获得了极高的人气，但当时的丰田社长张富士夫却表示无法理解这款车的魅力所在，最终这款车于 2005 年停产。

后来，丰田和松下等企业推出了联名品牌 WILL，试图通过跨界合作开拓新的市场空间。然而，这一尝试并未取得预期效果。首款 WILL 车型虽然融入了些许可爱元素，但整体风格仍受制于丰田一贯的未来主义设计语言，未能营造出年轻人喜爱的轻松氛围，市场反响平平。作为研发团队的一员，我深切感受到改变企业固有气质有多艰难。尽管我们努力在产品中注入新意，但丰田根深蒂固的工程思维和未来导向的设计理念始终占据主导地位。第二代 WILL 车型设计强化了未来感，结果适得其反，销量更加惨淡。到了第三代，其设计风格几乎和丰田 Prius 车型如出一辙，这种缺乏特色的产品定位使得销售情况雪上加霜（图 3-7）。

图 3-7　丰田 WILL 车型变化

丰田员工以不懈努力和追求卓越的精神著称，他们夜以继日地拼命工作，力求在竞争中立于不败之地。然而，在瞬息万变的市场环境中，消费者的心理和需求也在不断演变，要想吸引新一代消费者，企业必须深入洞察并准确把握这些变化。事实证明，未能准确捕捉消费者的心理变化趋势，是导致丰田在日本国内市场表现不尽如人意的关键因素之一。

2023 年日本汽车销量排行榜（表 3-1）清晰地反映了当前的市场偏好：轻型车和小型车占主导地位，其中厢式车造型尤其受欢迎。这种设计不仅提供了实用的空间，也传达出一种既稳重又悠闲的生活态度，恰好与当代消费者所追求的价值观高度契合。

日产 CUBE 和铃木 LAPIN 是其中的典型代表。这两款车型的主要消费群体如今已经 40 多岁，大部分已经组建了家庭。这两款车的设计理念完美契合了家庭用户的需求——无论是日常通勤还是周末购物，都能为全家人提供舒适、便捷的出行体验。精准的市场定位和产品设计，正是它们能够在竞争激烈的市场中脱颖而出的重要原因。

表 3-1 2023 年日本汽车销量排行榜

排名	车型（厂家）	销售数量
1	N-BOX（本田）	231385 辆（14.4%）
2	Yaris（丰田）	194364 辆（15.3%）
3	Tanto（大发）	159392 辆（47.8%）
4	Corolla（丰田）	154870 辆（17.7%）
5	Sienta（丰田）	132332 辆（92.0%）
6	Spacia（铃木）	122275 辆（22.0%）
7	Move（大发）	104557 辆（10.2%）
8	Note（日产）	102508 辆（-6.9%）
9	Roomy（丰田）	100800 辆（-7.7%）
10	Prius（丰田）	99149 辆（300%）

注：括号内的数字是同比增长率。

有一位中国女性企业家曾提出疑问：“这么小的车开起来会不会不舒服？”事实上，日本的轻型车在空间设计上十分用心，虽然无法与奔驰 S 级这样的豪华轿车媲美，但对于普通人的日常生活来说，其宽敞度和舒适性绰绰有余。

更令人欣喜的是，还有一位中国女性企业家表达了对铃木汽车的喜爱——中国也出现了青睐小型车的群体。这一变化，不仅反映了中国消费者的汽车消费理念正在发生深刻转变，也折射出中国汽车市场日趋成熟和多元化的发展趋势。中国的长城汽车就于 2020 年推出了一款紧凑型纯电动汽车“欧拉好猫”，凭借可爱灵动的外观与精致高级的质感，成功吸引众多年轻消费者的目光，迅速在国内外市场崭露头角。

近年来，意大利的 Fiat 500 在德国市场表现亮眼，2022 年更是跻身德国汽车年销量排行榜第四位。虽然这款小型车最初主要吸引年轻女性消费者，但其魅力早已跨越性别和年龄的界限，获得了广泛的青睐。

Fiat 500 的成功源于其独特的市场定位：复古可爱的设计风格唤起了人们的情感共鸣，亲民的价格降低了购买的门槛，而小巧的车身则完美适应了德国城市街道的特点。尽管在高速公路上行驶，奔驰、宝马等豪华品牌确实能提供更舒适的驾乘体验，但德国市区仍保留着中世纪遗留下来的狭窄、弯曲的街道。此外，德国人较少有去郊区大型购物中心大量采购的习惯。这些因素共同造就了 Fiat 500 这类适合在城市街道上行驶的小型车的热销。

另一个有意思的现象是，在日本经济长期低迷的背景下，虽然整体消费趋于保守，大家都捂紧了钱袋子，但 1000 万日元以上的高端进口车销量却逆势上扬。400 万～1000 万日元的中高端车型销量也比较稳定，而 400 万日元以下的普通汽车销量则呈现下降趋势（图 3-8）。这一现象反映了日本社会日益加剧的经济分化——虽然富裕阶层占比有限，但其强大的购买力足以支撑高端汽车市场的繁荣。

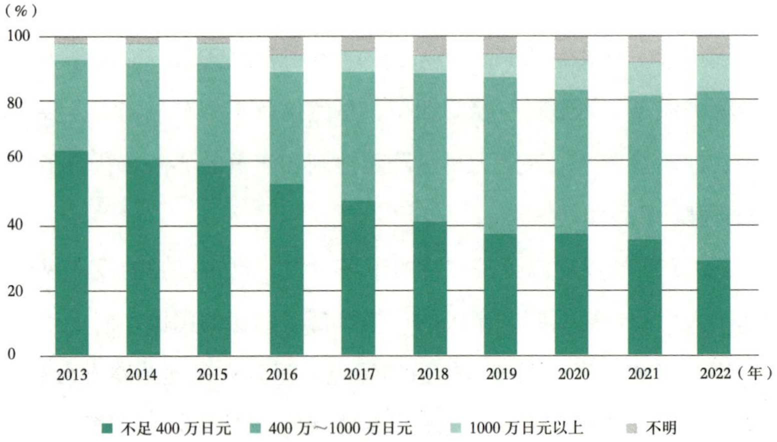

图 3-8 日本进口车销量占比变化

很多中国人对日本“失去的 30 年”有一些误解，认为所有商品的价格都在下跌。事实上，包括汽车在内的高价商品依然保持着强劲的销售势头。这种消费趋势未必能完全通过传统的“家庭收支调查”捕捉，却是真实存在的市场现象。

这种现象对中国市场也具有重要启示：即使未来中国经济增速放缓，高价商品仍有望保持强劲表现。与此同时，大众商品市场将呈现更加多元化的格局——既有滞销商品，也会涌现长销商品和爆卖商品。但是，归根结底，只有那些能够敏锐捕捉并适应消费者需求变化的商品，才能持续畅销。对于企业而言，深入理解这种多元化消费趋势，制定差异化的产品策略，将成为在复杂市场环境中保持竞争力的关键。

第四章

消费模式和消费需求的转变

4.1 “工具性”消费到“即时满足性”消费

一种更注重即时满足的消费方式正在兴起

这一节，我们从理论层面深入分析一下前文提到的“悠闲、佛系”等社会意识的兴起。

在中国，卡尔·马克思无疑是最具影响力的西方社会学家，但在全球范围内，能够与其比肩的是另一位“马克思”——马克斯·韦伯。我的大学毕业论文（虽然严格来说还称不上成熟的学术论文）正是借鉴了韦伯的理论框架。此外，我还曾翻译过他的经典著作《科学作为天职》。

韦伯以其独特而深邃的思考著称，他提出了众多具有开创性的概念，其中最具影响力的莫过于他将人类行为划分为四种理想类型：工具理性行为、价值理性行为、情感行为和传统行为。本书接下来的讨论主要涉及工具理性行为和价值理性行为，这两个概念是理解当代社会意识变迁的重要理论工具。

工具理性行为是指为达到某种特定目的而采取的最合理、最优化的行为，其核心是效率与实用性。例如，为了快速从上海抵达东京而选择乘坐飞机；或者因为工作繁忙无暇吃饭，选择边吃快餐边工作。这些都属于典型的工具理性行为。这类行为强调行动与工具之间的逻辑关系，注重成本效益分析，是现代社会中最为普遍的行为模式。

与之相对的则是价值理性行为，即基于对某种价值理念的坚定信念而采取的行动。这种行为不受功利性支配，而是源于对道德准则、宗教信仰或职业伦理的坚守。例如，一名司机基于“应该遵守交通规则”的价值理念，在红灯亮起时自觉停车；一个年轻人基于“人应该帮助他人”的信念，前往灾区做志愿者。这些都是典型的价值理性行为。这类行为强调其本身的内在价值，而非外在的功利性结果。

美国著名社会学家塔尔科特·帕森斯对韦伯的工具理性和价值理性理论进行了创新性解读，提出了 Instrumental（工具性）和 Consummatory（即时满足性）的概念。其中，Instrumental 的意义相对容易理解，意思是“使用工具的”“可作为手段的”。这与韦伯所说的工具理性行为有相通之处。对 Consummatory 的阐释则更具挑战性。日本著名社会学者见田宗介认为，这个概念难以找到恰如其分的日语直译。虽然有人尝试将其翻译为“即时满足的”，但这种译法不仅生硬，而且无法准确传达其深层含义。

具体来说，Consummatory 行为更多体现为一种自发而直接的情感反应和行动表达。比如，当人们看到美丽的花朵，会忍不住驻足欣赏；听到动人的音乐，会不由自主地哼唱或舞动；遇见可爱的小孩，会情不自禁地微笑。这些行为都展现了 Consummatory 行为的本质特征——它们源于内心的即时感受，强调行为本身的价值和意义，而非外在的功利性目的。

前文提到的重视物质生活的人，其消费行为就偏向于 Instrumental。由于可支配收入有限，个体的行动往往受到外部条件的强烈制约。这类人在饮食选择上倾向于追求性价比最大化——以同等价格获取更多食物，或为了节省时间而快速进食。还很容易把吃饭当成快速、经济地填饱肚子的一种手段，失去了其作为生活体验和文化活动的丰富内涵。

与之形成鲜明对比的是，重视精神生活的人通常拥有相对充裕的经济条件和时间资源，他们更愿意为优质的用餐体验支付溢价，享受食物带来的愉悦。这类人可能会选择在风景优美的度假酒店或装潢精致的高档餐厅，与家人、朋友或恋人共度三个小时时光，品尝用精美餐具盛放的美味佳肴。虽然这种行为在一定程度上包含了 Instrumental 的一面，比如填饱肚子，但更多地体现了 Consummatory 的特质，比如对美食文化的欣赏、对社交关系的重视、对生活品质的追求，以及对美好时光的珍视。

即使经济条件有限，人们也可以选择更具 Consummatory 特质的生活方式，比如，不喝塑料瓶装饮料，而是自己烧水泡茶，慢慢感受茶香。当然，这种生活方式的前提是拥有足够多的时间，而非处于高度紧张与压迫的状态中。

有趣的是，Consummatory 和 Consumption（消费）这两个概念的词源是一个词：consume（意为“用尽”“烧光”“吃完”“喝完”）。从这个意义上说，那些被时间追赶着、一边工作一边吃汉堡或盒饭的行为，真的算是消费吗？从本质上说，这种行为看似消费，实际上更接近于生产或劳动。正如我所敬重的评论家山崎正和所言，真正的消费，是一种慢节奏的行为①。

当然，即使 Consummatory 消费日益增长，作为生活基石的 Instrumental 消费依然是不可或缺的。要是有一天，快餐、汉堡和瓶装饮料都从这个世界上消失了，我们的生活势必会有诸多不便。前文提到的健康消费、美容消费，本质上都属于 Instrumental 消费。值得注意的是，**在这些以功能性为主导的消费领域，能否同时提供快乐、美丽、快感等附加价值正变得越来越重要。**

针对 Consummatory 消费，企业可以提供哪些价值

随着第五消费时代的到来，人们对精神富足的渴望愈加强烈。企业必须重新思考，应该提供什么样的价值，才能回应这种精神层

① 山崎正和是日本著名的剧作家、评论家和戏剧研究者，他对此更详细的观点，可参考《第四消费时代》《孤独社会》的相关内容。

面的诉求呢?

第一，企业可以提供美的价值。在多元化消费的背景下，外观美丽、设计可爱、造型出众的商品是满足消费者需求的基本要素。尤其是“可爱”这种源自日本的独特美学，在第三消费时代得到了进一步发展。它不仅是一种审美表达，更是一种与消费者的情感连接方式。

第二，企业可以提供快感的价值。快感不仅是感官上的愉悦，更是一种深层次的情感体验。比如，触感柔软的高品质羊绒或安哥拉毛衣不仅能御寒，更能通过触摸传递温暖与幸福感。再如，观赏壮丽的风景、泡温泉放松身心、运动后畅饮冰啤酒等，也能创造出一种身心愉悦的快感。

第三，企业可以提供正确性、公平性的价值。这是现代社会日益重视的消费因素。从可持续发展目标的视角看，越来越多的消费者倾向于选择价格稍高但对环境负担较小的商品，或者购买通过环境标志认证的商品。这种消费趋势不仅体现了消费者对环保和社会责任的关注，也反映了他们对“正确性”与“公平性”价值的追求。

第四，企业可以提供能够彰显个性的价值。在工具理性行为中，个性往往容易被忽视。比如，从上海去东京，无论是乘飞机还是坐船，最终都能到达。但是，对于追求个性的人来说，“快”和“高效”不是他们的核心诉求，他们更注重体验的深度和独特性。难得旅行一次，什么时候抵达目的地并不重要，重要的是在旅行过程中感受生活的美好和意义。因此，他们可能会选择坐船，只为在航程中静静感受大海的辽阔；也可能会选择乘飞机，只为在天空中欣赏不一样的日落。

社区照料模式兴起

日本单身家庭数量持续上升这一社会结构的变化，对消费模式提出了新的要求。除了健康消费、美容消费等以自我照料、自我保健为核心的日常支出之外，来自社区的关怀和照料也尤为重要。

比如，随着单身家庭数量的激增，陌生人共居的现象日益普遍。数据显示，2011 年，在 20 多岁的年轻人中，只有约 12% 有过合租房屋或房间的经历，但到 2021 年，这一占比已经攀升至 40%。当人们面临健康问题时，其依赖对象已经从传统的家庭成员转向邻居、朋友。为此，从日常生活的点滴开始，积极与邻居、朋友建立良好的互动关系，构筑相互扶持的社区网络十分必要。

再如社区共享厨房的兴起。在这个共享空间中，原本素不相识的人在同一个厨房烹饪，围坐一桌共享美食。这种模式不仅满足了人们的饮食需求，更构建了一个新型的社交平台。除此之外，随着上班族母亲数量的增加，无法按时吃晚餐的儿童也在逐渐增多，以儿童为主要服务对象的社区厨房“儿童食堂”也应运而生。这类厨房不仅为儿童提供营养餐食，更成为社区关怀的重要载体。

在日本东京墨田区，出现了一种新型复合空间——“咖啡洗衣店”。这一模式源自北欧，巧妙地将自助洗衣与休闲咖啡相结合，在洗衣的过程中为顾客提供舒适的休憩空间。咖啡洗衣店不仅提供咖啡和小吃，还允许顾客自带食品，尤其适合带孩子的家庭。不过，这一空间的功能远不止于此，它被设计为一个多功能社区中心：顾客可以在这里进行衣服缝制、熨烫等家务活动（店里会配备缝纫机和熨烫机）；也可以将这里作为工作场所，约见客户，洽谈业务；甚至还可以将这里作为小型市集，出售自制的杂货、二手黑胶唱片和衣物等。如果你喜欢跳舞，这里还可以被包场改造成临时迪斯科舞厅。

作为一个赋予顾客高度自由的多功能空间，咖啡洗衣店不仅赢得了市场的青睐，更获得了官方和学术界的双重认可。日本经济产业省授予其优秀设计奖，彰显了政府对这一创新模式在促进社会经济发展方面的肯定。而日本咖啡洗衣店的创始人、建筑记者田中元子撰写的相关著作，也荣获了日本建筑学会奖。

这些荣誉不仅体现了日本政府和学术界对咖啡洗衣店模式的认可，更折射出他们对未来社会发展方向的思考：日本需要更多类似的小型化、多功能化的空间设计，它们为现代社会的社群构建提供了新的可能性。这也预示着未来城市空间发展的一个重要方向。

在第四消费时代，小型场所和社区的创建主要依赖于个人创业者和小型企业的创新实践。随着社会向第五消费时代迈进，大型企业也开始意识到这类空间的社会价值和商业潜力，并积极参与到这类场所的打造中。

在咖啡洗衣店，孩子们可以自带食物，妈妈们可以工作或做家务。

4.2 精神生活导向型消费者的消费偏好

第五消费时代的理想街区画像

重视精神与重视物质的消费者在消费时的关注重点会有什么不同呢？带着这样的疑问，我在 2024 年 1 月开展了一项专题问卷调查，在此就调查结果进行简要阐述。

本次调查将受访者按照“重视精神”“比较重视精神”和“重视物质”“比较重视物质”四个维度进行划分，系统考察了不同群体在消费决策中关注的重点。我们以“对自己居住城市的需求”为核心问题之一，对人们关于商业、文化、娱乐设施等方面的需求进行了调查。下面我们重点来看“重视精神”群体的消费偏好，从中一窥第五消费时代的理想街区画像。

首先，“重视精神”群体对休闲娱乐设施的需求出人意料地强烈，其中保龄球馆、综合性娱乐场所呼声最高，其次是回转寿司店、桑拿浴室、社区超市等日常便利设施。值得注意的是，该群体对文化表现出浓厚的兴趣，如小型音乐会、吉本喜剧小剧场[①]、相声表演等。此外，适合年轻人社交的休闲小酒馆也颇受欢迎。

这一调查结果表明，“重视精神”群体对城市娱乐休闲设施的需求程度超出预期，表现出明显的“享乐主义”倾向。但是，这种享乐主义倾向并非浅层的物质享受，而是体现了对生活品质、文化体验和社交互动的综合需求，这为城市规划者和商业运营者提供了重要的参考依据。

其次，相当一部分“重视精神”群体在追求个人休闲娱乐的同时，也高度关注社区建设与社会责任，儿童食堂、社区厨房、社区咖啡屋、书吧、老年人健身设施、市民农园、共享农田等兼具公益性与休闲性的场所备受青睐。

再次，“重视精神”群体还表现出对个性化商业形态的强烈偏好，如特色杂货店、独立设计师服装店、古着店、二手唱片店等，注重消费过程中的体验价值与精神满足。

最后，“重视精神”群体还喜欢带有传统文化与地域特色的店铺或产品。他们对传统食品店、特色饮食店、个性化餐饮店，以及注重使用本地食材的餐厅都表现出强烈的兴趣。同时，他们对公共空

① 由日本吉本兴业艺能事务所打造的线下喜剧小剧场，类似于中国的开心麻花、嘻哈包袱铺等喜剧品牌。

间的需求也体现出相似的特征，倾向于选择能够举办市集活动的公园、广场，具有昭和时代氛围的咖啡馆和保留历史风貌的街道也深受这一群体的青睐。

这一现象揭示了追求精神富足的群体在消费选择上的共性特征：**他们不仅关注商品本身的功能价值，更看重消费体验中所蕴含的地域性、个性、历史性和社会性价值。在第五消费时代，会有越来越多的人开始通过消费行为寻求文化认同、历史传承与社会连接。**这也为城市规划和商业发展提供了重要启示：如何保护和利用传统文化资源，创造具有历史深度和社会价值的消费空间，将成为满足精神需求型消费群体的关键。

数字化时代，年轻人更渴望“真实感”“人情味”

通过调查，我们还发现了一个非常有趣的现象：在年轻一代中，对网络购物越熟悉、去购物中心越频繁的群体，反而越希望自己居住的区域有更多的独立店铺和特色商业街，提供面对面交流的机会，展现独特的地域特色（图 4-1、图 4-2）。这种心理看似矛盾，实则反映了当代年轻消费者在数字化时代对“真实感”和“人情味”的深切渴望。

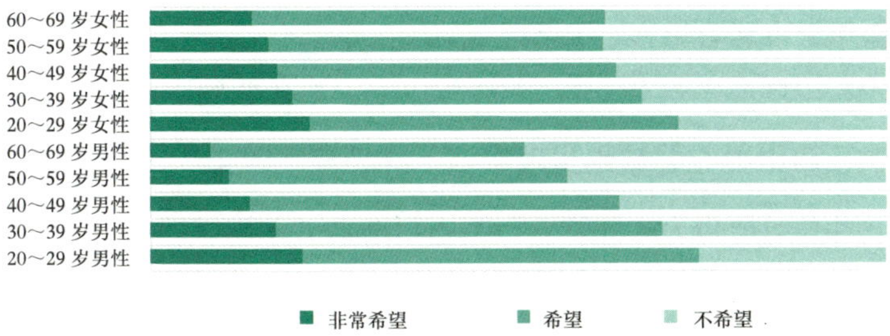

图 4-1　希望理想居住地有个性化店铺和特色商业街的不同群体占比[①]

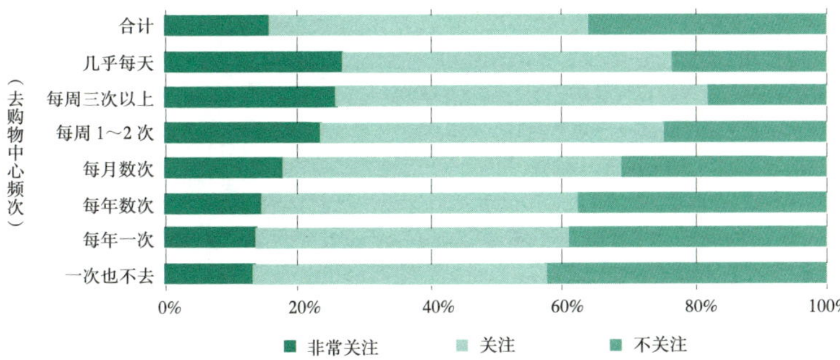

图 4-2　购物中心消费群体对理想居住区是否有个性化店铺的关注度占比[②]

从当前的发展趋势来看，购物中心这种传统零售业态面临着前所未有的挑战。美国的购物中心数量已经从 20 世纪 80 年代的 2500 家锐减至目前的 800 家，预计未来 10 年将进一步缩减至 150 家。

① 资料来源：日本三菱综合研究所“生活者市场预测系统”（2023 年）。
② 同上。

这一显著变化，主要是因为电子商务的迅猛发展改变了消费者的购物习惯和零售业态格局。

日本市场亦不例外。自 2008 年以来，新建购物中心的数量大幅减少，购物中心总数也呈现微幅下降趋势（图 4-3）。这同样与网购的普及密切相关。此外，日本人口的逐渐减少也加大了购物中心面临的生存压力。

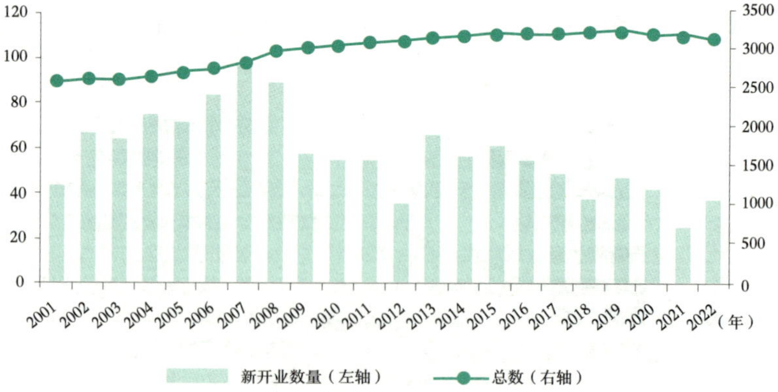

图 4-3 日本新开业购物中心数量及购物中心总数变化[①]

不过，这并不意味着购物中心会消亡。未来，购物中心将不再局限于传统零售，而是朝着“生活中心”的方向发展。比如，引入更多服务型业态，如按摩院、针灸店、牙科诊所、眼科诊所等，满足消费者的多元化需求；承担更多社会功能，如举办葬礼、存放骨

① 资料来源：日本购物中心协会。

灰等，成为社区生活的重要场所。未来也许还会出现在购物中心居住的新模式，居住、休闲、购物融为一体，打造完整的“购物中心生活圈”。

与此同时，我们也观察到，越来越多“重视精神”的消费者正在有意识地减少对数字化生活方式的依赖。他们不盲目信仰 AI（人工智能）推荐，也不沉迷线上消费，而是追求人与人之间的真实互动，以及与自然的直接接触。这预示着商业空间正在迎来一场深刻的变革。在本书第三部分，我们将详细探讨大企业如何顺应这一趋势，打破连锁化的商业模式，拥抱自然，回归本地文化，创造充满情感价值的全新购物体验。

高性价比是现代消费者普遍认同的价值取向

调查结果还显示，在所有受访者中，有高达 67.1% 的人将“便宜、性价比高”列为购物时最关注的因素（表 4-1），这意味着“高性价比”已成为现代消费者普遍认同的价值取向。除此之外，受访者还高度关注以下几个消费特征：“结实耐用”“让生活更舒适”“简洁、基本款设计”“能够长久拥有并爱惜使用”“让生活更便利、高效”“对健康有益”“有设计感”，等等。

表 4-1 不同倾向消费者关注重点占比[①]

消费关注重点	所有受访者	重视精神	比较重视精神	比较重视物质	重视物质
便宜、性价比高	67.1%	58.4%	65.9%	72.8%	65.2%
结实耐用	54.9%	47.4%	61.1%	58.7%	42.7%
让生活更舒适	41.2%	38.3%	47.8%	44.8%	26.4%
简洁、基本款设计	37.8%	33.1%	42.8%	40.2%	28.2%
能够长久拥有并爱惜使用	36.9%	28.6%	46.0%	35.5%	27.0%
让生活更便利、高效	35.4%	28.6%	40.1%	39.1%	25.5%
对健康有益	34.7%	50.6%	39.6%	31.3%	23.6%
有设计感	30.5%	29.2%	34.1%	31.8%	23.0%
有益于美容	14.9%	20.8%	16.7%	14.1%	10.3%
可爱、令人心动、疗愈	14.2%	14.3%	17.4%	13.5%	9.7%
具有日本特色的高品质商品和服务	13.5%	20.1%	16.0%	11.7%	8.5%
令人放松	10.9%	16.2%	10.7%	10.2%	9.7%
具有高级感	9.4%	17.5%	11.4%	5.1%	8.2%
可以在二手市场流通	7.3%	8.4%	7.5%	6.4%	7.6%
能够体现制作者匠心	6.3%	8.4%	8.3%	5.1%	3.3%
没有工业化痕迹	5.7%	13.0%	7.1%	4.0%	2.4%
蕴含历史和文化价值	5.5%	9.7%	6.6%	4.6%	3.0%
能够体验到与店员交流的乐趣	3.5%	8.4%	3.9%	1.8%	3.0%
可以在社交平台上分享	3.0%	6.5%	3.4%	1.8%	2.4%
其他	3.2%	1.3%	1.1%	1.3%	10.3%

① 资料来源：Cultural Studies（文化研究所）“第五消费时代调查”（2024 年）。

值得注意的是，排名靠前的各个关注重点虽然被各类消费者广泛认可，但“比较重视精神”的群体占比相对较高，显示出这一群体在主流消费趋势的引领中扮演着重要角色。

而在选择以下项目的人中，“重视精神”群体的占比明显高于“比较重视精神”的群体：

- 具有日本特色的高品质商品和服务
- 具有高级感
- 没有工业化痕迹
- 蕴含历史和文化价值
- 能够体验到与店员交流的乐趣

这意味着，“重视精神”的消费群体具有鲜明的文化认同和审美追求，他们不仅关注商品本身，更重视其背后的历史文化内涵、工艺传承及交流互动。

在选择以下项目的人中，“比较重视物质”群体的占比均高于“重视精神”群体。

- 便宜、性价比高
- 结实耐用
- 让生活更舒适
- 简洁、基本款设计

- 能够长久拥有并爱惜使用
- 让生活更便利、高效

这些消费特征充分体现了“比较重视物质”群体务实的价值观。他们更关注商品的经济价值、使用价值和长期效益，而非其文化内涵或精神意义。

高性价比的典范——无印良品[①]

在各种高性价比商品中，无印良品无疑是最具代表性的典范，以其独特的品牌理念和设计哲学独树一帜。它不仅以卓越的性价比赢得了众多消费者的青睐，更将上文提到的诸多特性，如结实耐用、让生活更舒适、简约设计等融入每一件产品中。无印良品到底有何种魅力呢？作为长期关注该品牌的观察者，我曾经撰写文章深度剖析其成功之道，希望这些观察能够为中国企业的品牌建设与创新发展提供有益的借鉴与启发。

① 对无印良品的部分讨论转载于我在日本消费时代分析杂志 *ACROSS*（《穿越》）上发表的一篇文章，此次出版做了部分修改。

无印良品的创办理念

无印良品的创始人堤清二先生是我最初入职的 PARCO[①] 及其所属集团 SAISON 的领军人物。SAISON 集团以西武百货为核心，以零售为主营业务，同时涉足超市领域，广为人知的西友超市就是 SAISON 集团旗下品牌。

堤清二先生是一位具有超凡魅力的经营者，也是一位著名的诗人，被称为“儒商”。他致力于满足追求精神富足的消费者的需求，开设现代美术馆、创建 PARCO 剧场、创办电影院和文化学校等。可以说，在很早以前，西武百货就已经独树一帜，不再仅仅关注消费者购买商品的需求，而是将目光投向了消费体验和消费场景的营造。

当时的西武百货汇聚了众多来自欧美的高级品牌，其销售能力在百货零售界首屈一指，多年来保持日本百货行业的最高销售纪录。然而，作为集团统帅的堤清二先生并不满足于销售奢侈品的现状，他提出了“无品牌”的创新理念，并由此开创了无印良品这个独特的品牌。无印良品秉持“从消费者的角度研发商品”这一基本方针，其核心理念是“有理由的便宜”，即在不牺牲品质的前提下，通过优化原材料、生产和包装等环节，尽可能地降低价格。

① 日本一家以年轻人文化和流行时尚为特色的连锁百货公司，成立于 1969 年，以引领潮流的商品企划和创新的商业空间设计闻名。三浦展先生曾在 PARCO 担任过重要职务。

1982 年，我刚入职时，在家附近一家隶属于 SAISON 集团的全家便利店里发现了无印良品的文具，那一刻我无比欢喜，因为我终于找到了自己真正想要的商品——不是那种千篇一律、随处可见的颜色和设计，而是纯粹以功能性为核心、无比朴素且原生态的物品。这种简约之美深深打动了当时的我。从那时起直到现在，无印良品始终是我的心头好，文具、衣服、家具、自行车、收纳用品……我购买过的商品不计其数，它们早已融入我的日常生活。

无印良品的特性

如今，无印良品以其涵盖文具、服装、杂货、家具甚至住宅的多元化产品线，不仅在日本广受欢迎，更在亚洲各国和欧美地区成为备受追捧的人气品牌。那么，无印良品究竟具备怎样的独特性，使得它如此受欢迎呢?

特性一：有理由的便宜

无印良品的第一个特性是“有理由的便宜”。这也是西武百货最初的目标。通过对材料的严格筛选、减少制作过程中的浪费、简化包装等方法，无印良品成功地实现了成本的下降，让产品价格更合理化。

具体来说，无印良品实现“有理由的便宜”的方式之一是聚焦于商品的功能性，摒弃一切多余的附加价值。以自行车为例。以前的自行车，即使是儿童款，也往往会配备 10 挡变速齿轮、方向指示器、测速表，甚至智能装置，而所谓的时尚自行车，还会配备五颜六色的车筐和挡泥板。这些超出基本功能的附加装置反而增加了自行车的重量，让它使用起来不够轻便。

实际上，自行车并不需要这么多附属品。比如，如果不在购物时使用自行车，车筐便显得有些多余；如果不在下雨天骑自行车，挡泥板也不是必备的；如果不骑自行车攀爬陡峭的山坡或长途旅行，变速功能同样不是必备的。自行车作为代步工具，真正需要的只是车架、车铃和尾灯（后两者法规规定必须配备）。人们过去所认为的“自行车”，其实是“自行车＋α”，而“＋α”有的时候不仅无益，甚至可以被视作负担，是“－α”。对于那些真正有意义的附加配件，如变速器、车筐、挡泥板等，无印良品的做法是将其拆分为选配件，消费者可以根据个人的喜好和需求来选择。

实现“有理由的便宜”的另外一个方式是简化包装。比如，无印良品设计了统一的液体类商品容器，只要标签明确，同样的容器可用于洗发水、洗涤剂、胶水等；去除了鱼糕包装里盛鱼糕的木板，以节约成本。

类似的方式还有很多。比如，利用工厂的淡季制作服装；省去筛选工序所需的人工成本，将形状大小不一的咖啡豆等规格不太标准的产品混在一起销售。另外，对于日用品，无印良品采取“只提供必要量”的方法，避免过度包装或过量供应，从而进一步实现价格的亲民化。

无印良品的出现，标志着消费观念从“便宜就好”向“品质优先、理性选择”转变。过去，人们往往认为价格高是因为商品附加了更多价值，而无印良品则挑战了这一认知，提出高价并不总等于高价值，附加功能未必真正实用。它倡导“去附加值”的商品理念，主张只保留真正必要的功能，通过简化设计、优化工艺来降低成本，让价格回归理性。这种“只为本质买单”的理念，不仅让消费者重新思考什么才是真正值得购买的产品，也重新定义了“物有所值”的含义——不是追求更多，而是回归纯粹、实用、耐久的日常之物。

特性二：优先考虑使用便捷性

无印良品的第二个特性是始终以使用便捷为首要考量。与其让一件商品承载多种功能，不如让其原本的功能发挥到极致。

比如，无印良品将原本工业用途或使用特殊材质的商品引入家庭场景，只要其在保温性、收纳性等方面符合家庭使用需求，就可以为使用者带来更大的便利。

此外，无印良品的许多商品是“半成品”，比如无涂装的木材、本白色的布料、组装式家具等，消费者需要在购买后进行组装或加工。这种设计不仅赋予了消费者更多参与感和个性化选择空间，也促使人们反思过去一味追求全自动化、多功能化的商品开发理念。

无印良品还有一大亮点是“将不想引人注目的东西变得不显眼”。典型例子就是捕蟑螂神器。传统的捕蟑螂神器往往被设计成颜色鲜艳、形状可爱的房子样式，试图以卡通化的方式掩盖人们对蟑螂的反感。但是，很多“房子”上面印着夸张的蟑螂图案，反而加剧了消费者的不适。无印良品对此进行了根本性的改良——他们用没有任何图案的牛皮纸制作成细长的盒子，既避免了传统设计的荒唐感，又通过舍弃无用的附加价值（如鲜艳的颜色），回归商品本身的实用性，展现了无印良品对功能与美学的独特理解。

特性三：亲切的质感

“无印良品”的第三个特性，是其产品所传递出的“亲切的质感”，其中的典型代表就是包装和标签所使用的再生纸。简约的纸质标签上只印有必要的商品信息，几乎不加装饰，传递出一种“无浪费”的理念，让人一眼就能感受到它专注于本质的品牌精神。

在食品方面，无印良品的产品“碎香菇”中选用了大小不一，甚至还有破损或形状怪异的香菇，“烤海苔”里也会放入带有破洞的海苔片。尽管外观不够完美，但味道却丝毫不打折扣。这种注重实质的商品，加上再生纸的包装，强化了品牌“以商品本质为中心”的设计理念。

此外，无印良品还有牛皮纸笔记本、无涂饰的铅笔、白色纯棉服装等。对于习惯了颜色丰富、工业感强的塑料或金属制品的消费者来说，它们反而带来了一种新鲜感，甚至给人一种质朴之感 。

有品牌意识的“无品牌”

但是，仅凭上文说到的几个特性，并不足以使无印良品在众多无品牌商品中脱颖而出，并成为引领者。除了商品本身的这些属性，在销售技巧方面，无印良品也有其独到之处。从一定程度上来说，无印良品之所以能摆脱类似超市那种“大分量实惠装商品”的形象，与其刻意宣传自己虽不是品牌，但在品质和服务方面却不输其他品牌商品，即“有品牌意识的无品牌”有紧密的关系。

对于无印良品这种不强调品牌的“无品牌”商品的崛起，如果简单地将其归结为品牌神话的破灭，未免过于片面。相反，正是由于人们长期对品牌的执着，才让“无品牌”这一概念显得更有意义。从某种意义上说，无印良品可以被视为“无品牌”理念下产生的一个新品牌，它以独特的姿态登场，重新定义了“品牌”与“非品牌”之间的界限。无印良品通过“有品牌意识的无品牌”策略，成功地在消费者心中树立了独特的品牌形象。

崇尚性别和年龄的自由

传统品牌往往默认消费者能将同一品牌从上到下的各类产品都配备齐全。而无法做到这一点的普通消费者就只能秉持“一点奢华主义”来将就。与之形成鲜明对比的是，无印良品无须搭配，消费者只购买自己所需的部分即可。

此外，无印良品的产品覆盖多个领域，无论男女老少，任何人都能轻松驾驭。其产品设计也没有过多的色彩和装饰，几乎不会让人感受到明显的性别差异。可以说，无印良品的产品是继牛仔裤以来真正意义上的无性别、无年龄限制的商品。

与此同时，无印良品也不设定产品的固定使用方法，让消费者在使用时感受到随意和自由的松弛感，进一步提升了产品的普适性和亲和力。

拓展阅读

对谈堤清二：无印良品的理念①

堤清二（1927 年 3 月 30 日—2013 年 11 月 25 日），1951 年毕业于东京大学经济学部，1954 年进入西武百货工作，1955 年就任西武百货总经理。

作为实业家，堤清二成功地将西武百货开到了涩谷，并在 20 世纪 80 年代后期使其业绩超越了拥有百年历史的百货界巨头三越百货，一跃成为当时日本百货业界的顶流。此外，堤清二还进军欧美市场，收购了全球顶尖的连锁酒店集团——洲际国际酒店，西武百货由此开始了酒店经营和度假村的开发业务。

堤清二更为重要的影响在于开创了所谓的“去大众文化”，他参与了多个创新品牌和项目的创立，包括无印良品、连锁便利店全家、生活杂货品牌 LOFT、SAISON 信用卡、广播电台 J-WAVE、

① 对谈内容选自三浦展与堤清二合著的《无印日本》中关于无印良品的部分内容，此次出版做了部分修改。

大型书店 LIBRO 等。此外，他还积极将国际知名品牌引入日本，爱马仕、拉夫劳伦、圣罗兰、阿玛尼等，都是通过西武百货首次登陆日本的。堤清二先生以其卓越的商业眼光、敏锐的商业洞察力、国际化的视野，深刻影响了日本乃至全球的消费文化和商业模式。

与此同时，堤清二还是一位诗人，笔名辻井乔。1955 年出版首部诗集《不确切的早晨》，1961 年出版诗集《异邦人》，并荣获室生犀星[①]诗人奖。

相关著作

《变革的透视图》《消费社会批判》

彻底地避免浪费

三浦：我觉得无印良品可以说是您最大的成就，因为它已经成为“世界性商品”。1982 年我刚进 PARCO 工作的时候，在家附近的全家便利店发现了不可思议的文具，比如没有任何图案、名字的棕色纸质笔记本，以及没有涂饰的铅笔等。

堤：那就是无印良品。

三浦：是的。我当时就想：“这就是我想要的！”无印良品这

① 室生犀星是日本近代著名诗人、小说家，其作品在日本文学史上占据重要地位。

么棒的理念，最初是如何诞生的呢？

堤：虽然想说是独创，但其实是有原型的。有一次我去美国时，参观了西尔斯百货的实验室。当时那里陈列着40台他们从世界各地收集来的相机，包括雅西卡、美能达、尼康等品牌，目的是研究如何制造出更便宜的相机。西尔斯发现，美国人并不需要快门速度超过1/500秒的相机。即使是拍摄儿童运动会，1/500秒的快门速度也完全够了。而日本的相机快门速度普遍能达到1/2000秒，这其实并没有多大实际用途。于是他们就研究，如果把快门速度设定到1/500秒，相机价格能便宜多少。此外，相机的机身也可以不用压铸。他们一边拆解相机进行研究，一边与制造商进行协商，让按照西尔斯要求的规格制造相机，只要生产出来，西尔斯可以保证订购一万台。

三浦：这是哪一年的事？

堤：1967年或者1968年。这件事当时就给了我很大的启发，并一直留在我的脑海中。

三浦：在构思“无印良品”之前，您有没有想过要在商品上加个标志？不是指“无印良品”本身，而是类似于“西武”那样的品牌标识。

堤：没有这样的打算。我们也尝试做过“故乡名品”“主妇严选”等品牌，但都没有成功，失败的原因之一就是商品的价格太高。因此，我们开始思考如何实现“有理由的便宜”。举个例子。以前打开螃蟹罐头时，里面会放一只蟹腿。当时我就想：为什么要这么放呢？后来才知道，这是因为在“二战”前，曾有人将鳕鱼之类的东西捣碎后当作螃蟹罐头售卖。为了证明这是真的蟹肉，才会在里面放一只蟹腿。这种习惯一直延续到了战后——即使罐头里装的就是蟹肉，还是保留着放一只蟹腿的做法。那么，我们可以想象一下，如果确保使用真材实料，无须再通过这种方式证明，螃蟹罐头的价格能降低多少呢？

再举一个例子。因为菌柄弯曲或者伞盖缺失而被剔除的香菇大概有 40%。于是，我们就做了一项针对人们如何食用香菇的调查，结果显示，在日本，用香菇给汤提鲜的人群占七成以上，真正直接食用香菇的人数少得惊人。既然这样，就算香菇菌柄弯曲又有什么关系呢？如果不强求品相，香菇的价格自然就能降下来了。

三浦：将商品做成无印良品，仅仅是为了便宜，还是有其他方面的考量？

堤：便宜是一个必要条件，但不是绝对条件。并不是说一定要做到价格低廉，只要商品品质能与品牌商品持平，只是不附加品牌标识，而商品价格却因此能降低三成，那不就够了吗？也就是说，首先必须保证我们的无品牌商品与品牌商品有同样的品质，这是绝对条件。在此基础上，我们还需要在某些方面削减成本，以实现商品价格的合理化，否则，在实际销售阶段，其价格不比品牌商品低，那就会出问题。

对美国式富裕提出异议，不追求时尚

三浦：无印良品的商品并不是像汽车、家电那样以性能取胜的品质。它代表的其实是一种全新的生活方式。我认为，这种能够在世界范围内流行的品牌是非常罕见的。

在我看来，您将无印良品称为“反常识商品”，是因为您对“富裕”一词的理解与美国式富裕的理念背道而驰。这不仅仅是因为您以西尔斯为模型，通过减少浪费来生产便宜的商品，更源自SAISON集团本身对既有富裕状态的质疑。我曾经在*ACROSS*杂志上发表文章，对无印良品进行了分析。在文章中，我将“只向顾客提供素材，让顾客按照自己的喜好来自由组合使用的呈现方式”称为无印良品的特色。

在20世纪80年代初期，日本社会的主流做法是把整个生活方式打包进行提案。无印良品在创立初期的商品种类较少，也没有提出“无印式生活”的概念。我猜测，或许是那些觉得自己生活中多余的东西太多，或者觉得自己品位太差，又或者对生活有某些不满的人才会选择无印良品。基于这些情况，我很想了解一下“反常识商品”这一理念背后的真正深意。您一开始预想到无印良品会受大众欢迎吗？

堤：说实话，起初并没有那种“被广泛接受”的感觉。

三浦：是小心翼翼起步的吧，并非大张旗鼓地开张。

堤：是的。起初无论我怎么解释，都无法让无印良品的理念在公司内部得到充分的理解与贯彻。虽然我说这是“反常识商品”，

但大家还是茫然地听着。（笑）

通俗地解释一下“反常识”这个概念，一方面，当所有人都在追求美国式富裕时，它表达了“我不认同”的声音；另一方面，在时尚泛滥的时代，它传达出一种“其实不追求时尚也可以很酷”的观念。

无印良品正是对两种主流常识的反动——对便利至上的美国式富裕的反思、对盲目追逐潮流的时尚观念的质疑。无印良品主张的是什么呢？其实只有一个重点，消费者主权。正如您所说，无印良品提供的是基础的东西，剩下的则由消费者根据自己的喜好自由选择和搭配。这就是从消费者主权出发的理念。可能有人会说：“太麻烦了，就算你这么说，我也搞不懂。”对于这样的人，我们就会说：“总之，我们的商品价格很便宜。”以此来吸引他们。（笑）对产品进行投诉也是行使消费者主权的一种方式，但这只是消费者主权的其中一个方面而已，这种程度的主权是有限度的。当然我们也乐意收到关于产品“这个不好”“那个差劲”的投诉，但我认为，按照自己喜欢的风格来安排生活，才是在真正行使消费者主权。

三浦：把西尔斯作为模型，并不是基于这种反常识的理念吧？

堤：把西尔斯作为模型来参考的主要是商品的制作方法，但是在理念层面，两者的方向其实截然不同。西尔斯曾推出“西尔斯式生活方式”，一度风靡全美。在非制造商主导商品制作这一点上，无印良品确实从西尔斯那里借鉴了很多。

“自己，新发现”

三浦：我觉得无印良品的“半成品”理念，与西武百货在20世纪70年代的“自己，新发现”这句广告语有异曲同工之妙。在当下这个普遍追求自我主张的时代，这句广告语听起来似乎有些平淡，但它在当时是非常新颖独特的。

相对而言，“美国式富裕”与“非美国式富裕”这两个概念，分别与“企业”“大量生产”与“个人”“自我”相对应。因此，提出“重新发现自己作为个体的存在”这一理念，其实是在揭示一种与“美国式富裕”“企业主导生产”截然不同的价值观。我觉得在推出“自己，新发现”这样的广告语同时，无印良品的诞生几乎是顺理成章的。

堤：从理念背景的角度来说，确实可以这么理解。无印良品诞生的另一个契机，与东京大学名誉教授林周二先生的《流通革命》这本书有关。这本书指出，日本的零售体系存在不合理之处。从生产者到零售商，中间经过了大批发商、中批发商、小批发商三个层级，每经过一层，商品的成本就会增加一些。这种现象的根源在于消费者的需求过于多样化，如果把消费者的需求缩减到原来的五分之一左右，那么只需要经过一个流通层级就可以了。这样一来，成本就能降低，消费量也会大幅增加。然而，按照这个“流通革命论”的逻辑推导，最合理的消费可能会变成全体国民都穿统一的制服。这显然有些过于极端了。

这就好比把福特T型汽车推广到全国，那么无论在哪里都可以方便地进行维修和零部件更换，效率极高，但这也意味着消费者没有选择的自由。

时尚原本应该基于消费者的个性而存在，然而当人们不管是否适合自己，都盲目追求大牌时，时尚原本的理念也就消失了。因此，我认为让消费者重获自由是无印良品的使命。

1983 年，无印良品的第一家店铺在青山开业。关于这次开店，公司内部起初存在一些争议，我们都不敢大胆宣扬自己的主张，但过了一段时间后，我们逐渐有了足够的自信去推广我们的理念。我想，这大概是因为当时美国式、欧洲式的时尚生活模式已经大体成型，一些具有前瞻性的消费者对这种现状产生了疑问，开始思考“这样的生活方式真的好吗？如果这样下去会怎样？”

对无印良品被视为“日式”保持警惕

三浦：无印良品有时会被看作“日本风格”的代表。20 世纪 80 年代，电通（全球最大的独立广告公司）策划了一个名为“Japanesque”（日本风）的宣传活动。虽然无印良品并没有那么直白地展现日本特色，但仍然有人这么认为。您怎么看 Japanesque 呢？

堤：无印良品和 Japanesque 是有区别的。对我来说，Japanesque 这一概念，在某些方面与 1955 年“回归日本路线”有相通之处，所以我会对此抱有一定的警惕性。

三浦：实际上，当时确实有很多人觉得这种说法有些荒唐。不过，从近年来参观“琳派展”①等美术展的观众人数来看，Japanesque 的影响似乎确实很大。

堤：确实如此。说句有点跑题的话，近 10 年来，越是不怎么学习的政治家，越是动不动喊着要“重视传统”。但真这样的话就麻烦了，年轻人反而会因此变得讨厌传统。真正的传统，只有在“打倒传统”的能量驱动下才会重新焕发生机。从上至下地说“唱《君之代》(日本国歌)，向国旗敬礼，尊敬父母”之类的话，最终很可能会走向类似教育敕语②的老路。不知为什么，那些不学习的人变成了文教领域的议员，就开始叫嚣着“重视传统”了。另外，我觉得现在用“保守派 / 改革派”这样的划分方式是很奇怪的。如果这样划分，“无印”所代表的那种理念似乎就没有立足之地了。

说到这里，我突然想起来一个人。他原本在一家商业出版社工作，后来辞职了。当时我去参加了一个为他举办的鼓励会。在聚会上，我祝贺他说：“×× 先生你很了不起啊，从今天开始，你就成为‘无印人’了，未来前途无量。”大家都是一副“啊？这是在夸他吗？”的表情。(笑)

在和别人交谈时，我们通常会称呼“×× 先生”，而不会说

① 琳派是日本以大和绘画为基础衍生的一个装饰画派，是日本 17 世纪的装饰艺术巅峰，代表着典型的日本风格。

② 日本明治维新后由天皇颁布的教育文件，是明治天皇对臣民的训诫，存在较大争议。

“×× 公司的 ×× 先生”。一个人是否能够在社会中独立存在，是“无印人”抑或“品牌人”，会成为我们评价一个人的标准。公司的名字就像品牌一样。有人会说：“你倒是挺会说的，自己进口了 50 个品牌的商品赚了不少钱，现在又想打着无品牌的旗号再赚一笔。”对此，我只能说声“对不起”了。

与优衣库的共通点

三浦：您希望无印良品得到什么人的支持并得以推广开来呢？理想的人应该是真正摆脱标签，以“无印”状态生活的人。说起来，优衣库也没有显眼的品牌标识，它是不是与无印良品有些类似呢？不过您应该没穿过优衣库的衣服吧。

堤：现在是穿得少了，但家里还是有几件，我的妻子也买过一些。要回答第一个问题，就不得不涉及认识论层面。无论是谁，在购买和消费商品的时候，都是一个独立的个体。换句话说，每个人都有作为消费者的主权意识。

那么，零售业是基于什么样的认识而存在的呢？在资本主义生产方式下，商品被生产出来并传递到消费者手中时，就进入了个人生活的过程。关于这一点，马克思在《资本论》中提到，在资本主义时代，原本属于个人生活过程的商品仅仅变成了劳动力再生产的过程。按照我的理解，这意味着商品在现代社会中丧失了个性，变成了重复劳动的一部分。因此，有必要在消费过程中找回商品的个性。这种认识是“堤清二零售论”的理论基础。

从这个角度来审视零售业，它实际上是一种边际产业——但也是在这个边缘位置上，商品的性质发生转变，进入了人的生活。因此，零售商提供那些能够让消费者找回自我、进入个性化消费过程的商品，不是非常重要的吗？基于这样的思考，我撰写了相关研究论文，甚至因此获得了博士学位，（笑）但这种观点的传播并不顺利，几乎被忽视了。

三浦：无印良品的流行，是否意味着您的观点被大众接受了？

堤：从结果上来说，或许可以这么认为。但要说“是因为我的观点在传播，所以产品卖得好”，这话实在难以启齿。我只能说，卖得好是一件好事。关于无印良品和优衣库的关系，我认为两者本质几乎相同，只不过优衣库的名气要大得多。两者在“将原本不时尚的元素转化为一种新的时尚”这一点上是共通的。对于无印良品，我从一开始就建议它不要涉足时尚领域。因为一旦涉足时尚，就不可避免地要依赖设计师。至于化妆品，我也持较为消极的态度。我认为只要有粉底液就足够了。如果某位演员使用了无印良品的化妆品，进而引发大家竞相购买，这就偏离了无印良品应有的价值观。优衣库可能就没那么在意这些问题。

关注生活整体

三浦：我其实很难想象优衣库会涉足室内装饰领域。也许是因为无印良品蕴含着生活，即时间和空间的理念。而优衣库无论好坏，都只是用来穿的衣服。无印从一开始就在店内播放原创歌曲作为背景音乐。因为从一开始就注意到了时间和空间的概念，音乐的存在显得非常自然。但是，假如优衣库推出了CD，我却想象不出会有什么样的音乐。（笑）这一点还是有所不同的。

堤：现在无印良品的毛衣几乎都采用毛线本身的颜色。我现在犹豫的是，消费者如果可以接受素色，是不是也能接受更多的色彩呢？优衣库在色彩展示方面确实还是很专业的。不过，无印良品和优衣库都很少使用图案，这一点上还是有共通性的。只是两者的受众群体可能略有不同吧？

三浦：确实有些不同。不过，如果进行大规模问卷调查，两者的差异可能并不太大，毕竟无论是无印良品还是优衣库，都是遍布日本各地的品牌。

堤：最近涌起的另一股势力是东急手创馆①。总的来说，东急手创馆、LOFT、优衣库、无印良品都属于反常识商业，只是侧重点稍有不同。东急手创馆之所以能够成功，是因为它从创业之初就没有传统的零售商参与。换句话说，正是因为经营者是对零售一无所知的东急不动产，它才取得了这种反常识的成功。

① 主要售卖DIY用品的居家生活连锁百货公司。

执着于“无品牌”商品

三浦：您认为与无印良品相对立的是什么呢？

堤：毫无疑问是国外的奢侈品牌，比如爱马仕、路易威登、圣罗兰等。因为这些品牌的商品很难摆脱设计师的个人烙印。

三浦：您的意思是，无印良品的目标是彻底消除个人印记，甚至消除作品的个性吗？

堤：是的。不过也有人认为无印良品的成功离不开设计师田中一光先生的品位。我觉得这种说法也有道理。

三浦：确实。田中先生出生于奈良，是在日本传统文化熏陶下成长起来的设计师，他的设计风格自然也受到了影响。

堤：田中先生的设计品位确实是无印良品成功的原因之一，但这也带来了反作用，无印良品被当作一个“品牌”来对待。

三浦：这有点矛盾。您本人对艺术如此热爱，却坚持要做“无名”，也就是“无品牌”的商品。这不是和艺术的本质——强调作者身份——背道而驰吗？

堤：从漫长的历史来看，艺术与个人名字挂钩是中世纪以后的事。在那之前，创作者更多是以“共同体”的形式存在。在明确这一点的基础上，我想说，我并不是艺术爱好者。我承认自己和艺术有很深的渊源，但艺术本身是一股神秘甚至可怕的力量。装饰品，或者说为了被商品化而制造的艺术作品，在我看来和真正的艺术并无关联。我之所以执着于“无名”商品，或许是因为我讨厌伪艺术。当然，非主流文化有其独特的作用，而且这种作用也十分重要，但是我们不能将其等同于艺术。

在街道上散步与思考

堤：我还有一个习惯，也许是在海外生活时养成的，就是喜欢在街上走一走。不走一走，观察和思考就不真实。

三浦：您最初去洛杉矶的时候也这样吗？

堤：是的。

三浦：当时洛杉矶还不是高度依赖汽车的社会吧？

堤：不，恰恰相反，应该说没有车就无法生活。从这个意义上来说，它已经是汽车社会了。我一到机场，就直接去了驾校，考取了加利福尼亚州的驾照。在那里，没有车就没有办法出行，虽然偶尔能看到公交车，但乘坐公交车很花时间。

三浦：我因为要去美国考察住宅区之类的事情，也到过不少地方。在城市间移动，一般都是走高速公路，很少走普通公路，不过我也认为深入街道走一走非常重要。大概是因为在 PARCO 的工作经历吧，在做 *ACROSS* 杂志编辑时，我养成了一边走路一边思考的习惯。从那时起，我就经常在街上散步。听说您也喜欢一边走路一边思考，我觉得这真是典型的 SAISON 风格。

堤：在东京的街道上行走时，总能感受到来自街区的信息或某种“语言”。我有时会想：“哎呀！最近消费和社会正在发生变化，而且这种变化绝非寻常。”仿佛有一种像空气、像风一样的东西在向我传递讯息。新宿、涩谷、浅草等地，都是能够产生这种对话的街道。

三浦：您最近都在哪些地方散步呢？

堤：最近去得比较多的是代官山、大久保、神乐坂、高圆寺等地①。当某个地方在电视上出现后，我就会产生“想去看一次”的冲动。如果可以，我希望能每隔三年走一次同样的街道。我在很多场景下都会使用这种定点定时观测法。

比如，大概每隔三四年我就会去大学里教书。因为学生一直在换，就会发现令人惊讶的变化。曾经有一段时间教室里总是很吵，后来教室变得安静下来，学生的着装风格也变了。在这方面，读了您写的文章后，我有了更加深刻的体会。

三浦：我一直待在涩谷，所以自然而然地掌握了某种隐性知识。从 PARCO 辞职时，我基本上能预判接下来会流行什么了。比如，我在公园进行定点观测时，如果发现了与以往不太一样，但看起来闪闪发光的东西，觉得很棒就拍了照片，结果这些东西没过多久就流行起来了。从 PARCO 辞职时，我在涩谷往山手线方向的街上买了一双拉夫劳伦的进口袜子，不是那种紧紧贴合脚型的，而是有点松垮的袜子。有一种说法是这就是“堆堆袜”的起源。我买了那双袜子，还穿着它到处走呢。所以，可以说我是日本第一个穿堆堆袜的人。(笑)

① 大久保是韩国等亚洲国家店铺大量聚集的街道。高圆寺有很多戏剧、音乐、摄影等相关人士在这里聚集，非主流文化色彩浓厚。

帮助女性获得自我

三浦：SAISON 集团的另外一大功绩就是培养了女性人才。比如上原公子，她曾于 1999 年起连任两届日本国立市市长。她早年就曾经在西武百货的外文书卖场工作。

近年来“发现并塑造自我”这一现代价值观的兴起，可以说是前文所说的“自我，新发现”理念的深化和延续。很明显，SAISON 集团在这一过程中扮演了重要角色。长期以来，女性往往被固定在自身的角色框架之中，而通过 SAISON、PARCO 的广告和文化传播，很多女性强烈地接收到了“在成为女性之前，我首先是自己”的信息。正因如此，SAISON 集团受到了以上野千鹤子女士为代表的众多知识女性的支持。另一方面，如今“自我”这一概念似乎又被过度商业化和泛化。走在街上，随处可见包含“自己”“自我”的标语，甚至出现了“有自己风格的信用卡”这样的说法。（笑）

我自己也是一个追求“无印”生活的人，所以才会对“西武”这样的品牌产生共鸣。我个人一直希望能活出自我，追求与众不同的生活方式。然而，正如《下流社会》[①] 一书所指出的，从统计数据来看，现在的年轻一代往往是那些“最想活出自我”却最容易陷入社会底层的群体。相比之下，比我年长的一代人中，能够活出自我的大多属于上流阶层。虽然我不愿如此断言，但数据确实揭示了

① ［日］三浦展：《下流社会》，陆求实、戴铮译，上海译文出版社 2018 年版。

这一趋势。所以，近年来，我不再轻易对年轻人强调“活出自我”，而是建议他们“先进公司看看吧”。

堤：处于下流社会的人会不会是因为不甘心，所以才说“我本来想活出自我风格，结果却变成这样了”呢？其实上流社会的人也有各种各样的烦恼，但他们不会说出来。下流阶层的人却会说“我虽然处于下流阶层，但我很自由。这种自豪感对我来说更重要”之类的话。要是说“如果既能做自己，又不会陷入下流阶层就好了”，这种说法只会让人觉得有些讽刺。

这些暂且不论，读完《下流社会》之后，令我感到惊讶的是，认为自己处于下流阶层的人数在不断增加。这不禁让我想到，提出“1 亿中产社会”已经是 20 世纪 70 年代的事情了。如今看来，这一目标似乎已经渐行渐远。

“男性保护法”

堤：《下流社会》一书对女性婚姻观的剖析也很有趣。书里提到，即使是按照自己想要的方式生活的女性，考虑结婚的人数也出乎意料地多。

三浦：确实。在年轻女性中，“希望做家庭主妇”的人群占比正在回升。这种现象在一定程度上受到了“金钱至上”的价值观影响。当然，女性的婚姻选择背后因素很复杂，我尚未完全理清其中的逻辑，但可以肯定的是，从某种程度上说，现代女性比男性享有更多的自由。比如，那些未婚、从事非正式工作、独居的女性，尽管经济上并不富裕，却依然对自己的未来抱有希望。对她们来说，“个人自由”是最大的价值。虽然男性有时也想表达对个人自由的渴望，但现实经常让他们感到走投无路。

所以，我在《不受欢迎！》一书中提出了“男性保护法”。（笑）我认为，男性必须得到更好的保护。或许在男女平等方面，女性已经变得过于强势了。虽然从社会整体地位来看，男性依然占据优势，但在对未来的希望和幸福感方面，男性却处于被碾压的状态。

女性能够通过看到某些东西而感受到快乐，这是男性所欠缺的。男性更倾向于追求速度和力量。当然，有的男性并非如此。据说有一家类似夜总会的 live house（音乐展演空间），只有秋叶原系的宅男们才知道的偶像在那里举办演唱会，吸引了很多 40 岁左右的大叔，气氛非常热烈。但是，拥有这种爱好的男性并不太受女性喜欢。

堤：现在的年轻男性兴趣非常单一，大多数只沉迷于游戏。无论是电影院还是美术馆，观众几乎都是女性。如果说买书、买衣服曾经是他们的快乐，那么在这些东西逐渐消失的今天，男性追求的又是什么样的快乐呢？

三浦：或许是 niconico 动画（日本线上影片分享网站）或者搞笑节目之类的。大概都是一些非日常的、无法让人上进的内容吧。

堤：如果是这样，我比较担心人类会不会因此退化。

三浦：这确实是一种文化的退化。我认为我们有责任为年轻人提供更多的文化教育，帮助他们重新找到更有意义的生活方式。

想当陪酒女郎的女孩

堤：在您的《女人为什么想当陪酒女郎》一书中，介绍了很多陪酒女郎的故事。书中提到，15岁到22岁的女性，竟然五个当中就有一个想成为陪酒女郎，这让我非常震惊。如果是过去，人们可能会认为这些女孩过于浮躁，但如今，这更多的是为了“生存”而做出的现实选择。

三浦：确实如此。我曾遇到一个30岁的涩谷女孩，她表示难以相信有两成的女孩想成为陪酒女郎。真的是时代在变化。

如今想成为陪酒女郎的女孩子们的结婚意愿已经大幅下降。当初我做调查时，希望成为专职主妇的女性占九成之多，甚至许多人表示想马上结婚。但现在想结婚的女性只有四成左右。这主要是因为她们周围的男性大多是自由职业者，在经济上很难倚靠。因此，许多女性产生了“必须靠自己活下去”的想法，也就不再希望成为全职主妇。

这种变化当然也受到了女权主义和新自由主义思想的影响。但问题在于，社会并没有为这些追求独立生存的女性提供必要的职业选择。20世纪60年代，即使没有高学历，女性也能进入工厂，找到相对安稳的工作。如今这样的职业已经不复存在。所以，对于没有学历，又希望靠自己谋生的女性来说，陪酒女郎似乎成了为数不多的现实选项。

实际上，有许多偶像正是从这样的地方诞生的。比如，来自静冈的陪酒女郎桃华绘里，她成功地创建了自己的公司，很多女生都想要她穿的同款衣服。她在辣妹系美妆时尚杂志《小恶魔 ageha》中穿的衣服，几乎都成了爆款，因此她可以从服装品牌那里获得一定的费用。如果这种商业模式成功，她甚至有可能赚到 1 亿日元。据说《小恶魔 ageha》每月销量能达到 35 万册，远超一般女性时尚杂志。

堤：据说“二战”后的夜总会在经济高速增长期发生了质变，而到了现在，随着时代的变化，其内容和形式也与之前大不相同了。

三浦：现在那种地方的陪酒女郎平均年龄据说已经接近 60 岁了。（笑）

堤：是的，现在的感觉和以前完全不同。以前的夜总会里有很多丈夫在战场上阵亡的寡妇，氛围像是可以随时提供人生咨询的地方。现在完全不同了，一些在夜总会工作的人表示，日本的夏天太热了，我想去澳大利亚滑雪，所以在这里工作赚钱。她们性格爽朗而活泼，毫不避讳，整体的氛围与旧时完全不同。

日本女性很难发挥能力

堤：“明年工资会涨多少呢？”“课长看我的眼神好冷漠，我是不是当不上系长了？”像这样整天忧心忡忡的男性，可能会让越来越多女性觉得“啊，不想和这样的男人结婚”。对男性来说，这可能是难以忍受的，但他们又不可能不在意这些。如今社会对男性变得更严苛了。

我妹妹在巴黎生活了40多年，她总是无条件地支持从日本来的女性。有几次我劝她：“小心一点，有些人可能会利用你，然后在背后捅你一刀。”事实上，她也确实因此吃过亏，甚至闹上了法庭。我问她：“为什么要这么无条件地支持她们？”她回答：“我因为出生在日本，所有的可能性都被扼杀了。”日本是一个女性很难发挥能力的社会。我想她正是因为深刻体会到了这一点，才一心希望帮到从日本来的女性。虽然我赞成“男性保护法”，但可能会因此受到很多批评，比如“不了解社会的现实，仅仅站在男性的立场上看问题”。在男女关系方面，地方和东京之间的差距是否已经消失了呢？

三浦：我认为还是有差距的，不过差距已经在逐渐缩小了。

堤：现在很难说男性和女性哪一方更占优势。虽然有的男性十分大男子主义，但男性群体确实处于一种悲惨的境地，整个社会都变得更加严苛。没有什么比歧视更让我难以忍受的了。我在《抒情与战争》一书中也提到过，我看到歧视行为时无法保持沉默，这是我自幼养成的性格，没办法。从这种对歧视敏感的眼光来看，越是身处下流阶层，女性越难以掌握主动权。从事服务行业的女性大多处于从属地位。

说句题外话，你知道在银座和新宿的酒吧里，最不受欢迎的男性是什么样的吗？是日本青年会议所的成员。当然，不是所有人都那样，但他们中的许多人都认为自己将来一定会当上社长，所以理所当然地随意使唤别人做事。这种类型的男性在国会里也有几个，他们缺乏客观审视自己行为的能力。对夜总会里的女性来说，这些人的行为是无法容忍的。我也在青年会议所待过一年半左右，但实在忍受不了，和那样的人一起喝酒，酒都变得难以下咽，所以我干脆退出了。

因为 SAISON 不存在了，所以自由职业者增加了

三浦：在经营百货公司时，您是否推出过平等对待女性员工的相关政策？

堤：推出过，但具体有多少政策真正被落实了，我就不那么自信了。无论我如何强调，一定有很多人认为“社长不了解一线的真实情况”，或者“如果让女人以平等的资格参与工作，我们肯定竞争不过她们”。不过，我认为百货商店是女性比较容易发挥能力的职场之一。

三浦：我作为新员工加入 *ACROSS* 杂志社时，公司规模还不大，只有 12 名员工，其中男性只有 4 人，其余全是女性。在这样的环境里，男性似乎很难找到自己的位置，因为公司的管理制度明显偏向女性，客户也以女性为主。每天我都能看到很多精力充沛、口才出众的女性。她们的存在让公司走在了时代的前沿。当然，也有不

少人频繁跳槽或离婚。(笑)

对于那些重视个人自由的人来说，PARCO 无疑是一个理想的选择。早在《男女雇用机会均等法》颁布之前，PARCO 就已经实现了男女同工同酬，这在当时实属罕见。

堤：在那个年代，这样的公司确实凤毛麟角。

三浦：PARCO 的员工也享有极大的自由，可以随心所欲选择自己想做的事，对于不想做的事，也完全可以拒绝。如果在公司里无法实现自己的理想，他们甚至可以辞职去追寻更广阔的天地。这种开放的氛围，在当时其他普通公司里几乎是不存在的。所以，正是由于这样的特质，这里孕育出了众多才华横溢的作家。

堤：确实，像保坂和志、车谷长吉、町田康这样的男性作家有好几个。虽然女性中几乎没有成为作家的，但后来转型为编辑的也不少。

三浦：对于男性来说，的确有很多人是像三井、三菱这样的大企业根本不可能雇用的类型。我自己也算一个。(笑)因此我认为 SAISON 集团吸收了相当数量的自由职业者。反过来说，正因为 SAISON 集团不存在了，所以自由职业者的数量才增加了。(笑)如果是 20 世纪 70 年代，还可以在高圆寺经营古着店，在西荻洼开咖啡馆；80 年代则可以用公司的钱来玩乐；(笑)但 90 年代以后就没什么可玩的了。虽然现在“生活艰难”的说法十分流行，让人感到些许不适，但实际上，在社会上生存确实没有捷径可走。因此，生活艰辛也是情理之中的事。

堤：突然想到，现在之所以有很多所谓的“主妇作家”，或许就是因为在“主妇”这个位置上，隐藏着很多女性无法实现、满足的东西。在女性作家中，约有一半是家庭主妇。不过，主妇和单身女性的界限很难区分。上野千鹤子女士曾写过一本书《一个人的老后》，但如果问她“你真的是一个人吗？”，她不会回答的。

话说回来，“家庭主妇”这个说法多少有点“被束缚在家庭里”的意味。英语中的“housewives”一词也曾引发过社会争议，或许就是因为其中隐含了从属于男性的意思吧。

三浦：有趣的是，“家庭主妇”这个称呼最初其实是一种自我实现的形式。19世纪美国作家凯瑟琳·比彻[①]在《论家庭经济》一书中说过，家庭主妇是一种由优秀女性所承担的负责家庭经营的职业。在那个时代，虽然主妇依然被束缚在家庭中，但这一身份在某种程度上可以被视为女性的解放。但是，随着战后“自我实现”“个人自由”的意识逐渐扩大，认为这并非真正自由的意识也越来越强烈。

伴随这种觉醒意识的，还有家电产品的普及。虽然女性的家务时间被解放出来了，但她们少了那种“通过家务建立秩序感”的掌控感；当洗衣、做饭、打扫全部由机器代劳时，不少人反而感到空虚。“美国式富裕”的价值之一就是“便利”，而无印良品试图传递的一点，恰恰是“变得便利后，有时反而感受不到富足”。如今的社会确实非常便利，但总让人觉得不踏实，或者说无法真正感受到

① 《汤姆叔叔的小屋》作者斯托夫人的姐姐。

富足。很多国际比较调查显示，日本人的生活满意度远远低于其GDP所反映的水平。

在学生时代，我曾读过评论家福田恒存的书，其中有一段话至今记忆犹新："从古至今，人们都很忙碌。既然自古以来就有'忙碌'这个词，那过去肯定也很忙碌。但是现在的忙碌和过去的性质是不一样的，过去的忙碌是让人在忙碌中感到内心踏实，现在的忙碌则是只能做这件事、无暇顾及其他。有时，人们为了摆脱单调而选择更忙碌。"

福田这番话，在互联网和手机普及的今天，显得尤为深刻。他在40多年前就能写出这样的内容，实在令人钦佩。如今，生活变得过于方便，以至于我们可以同时处理多项任务，如计算、打字、打电话、看视频等，从而导致我们很难像以前一样平静、专注地做一件事。

堤：还是经营者的时候，我曾经说过"家庭劳动的外部化是市场营销的一个重要支柱"。如果智能洗衣机、智能冰箱、智能吸尘器等进入家庭，家庭主妇的可支配时间将大大增加。这无疑将对女性的独立性起到极大的促进作用。因此，我在给员工训话时，把"销售家电对社会有益"之类的话当众宣讲了一番。大家听完都是一副"确实如此"的表情。看来，比起谈论反常识商品，这个话题受欢迎多了。（笑）

郊区购物中心

堤：日本虽然被视为一个近代社会，但总有些地方让人无法断言，充满了矛盾。在日本，古代、近代、现代的各种元素交织在一起，形成了多层次的社会文化。而且，由于每个时代都具有多层次性，因而各个时代之间的断裂和变化并不明显。

三浦：随着现代化的发展，“克服并超越现代”这种更加危险的思想必然会抬头。话说回来，您在经营百货商店的过程中，是否有过自己能改变这个社会的想法呢？

堤：说实话，几乎没有过。

三浦：Tsukashin①是不是很接近您的理想？

堤：那些受百货公司文化影响的人很难理解我的意图。我当时的构想是打造一个百货商店式的城镇。

三浦：我猜想，您在Tsukashin里梦想着构建一种类似故乡、共同体之类的东西。它既不是陈旧、充满束缚的传统共同体，也不是近代那种分散化的个人主义，而是一种非常现代化的共同社会形象。

堤：我一直在构思一种看不见的共同体。虽然它规模可能很

① 堤清二在20世纪80年代主导开发的一个商业与社区综合体项目，位于兵库县尼崎市，意图打造成集购物、休闲、文化与自然于一体的“理想街区”，体现其“百货店式城市”理念。尽管项目最终因运营理念与现实脱节而未能持续成功，但它所体现的“共生型城市”设想在今日看来颇具前瞻性。

小，但很多年轻人已经在各种各样的地方尝试构建这样的群体。比如那些不太知名的创作型歌手周围，可能会自发形成一个100人左右的小共同体，这与职场共同体、家族共同体或地域共同体截然不同，是基于个人喜欢和价值观形成的网络。

三浦：原本隶属于SAISON集团的LOFT开始实行“每周工作20小时也能获得无固定期限雇用”的制度，该制度介于个人主义倾向和公司共同体倾向之间。我感觉这类实践在探索多年后，终于找到了更适合现代社会的切入点。

由自发聚集的人们共同管理房产的合作社公寓也是这类模式，它既不是过去那种紧密的社区邻里共同体，也不是那种连隔壁邻居都不认识的公寓，而是介于二者之间。如今这种理念正在以各种形式呈现出来，比如那些不是学校但更像自由学校的机构。虽然不确定能否在Tsukashin这样的大型购物中心实现这一理念，但已经出现了一些继承Tsukashin理念的尝试。

堤：在Tsukashin项目中，最大的错误就是让百货商店出身的人担任高层领导，他们总是以居高临下的姿态看待商户和业主。“在Tsukashin，大家都是平等的经营者。”这些高层领导虽然在听我这么说之后明白了这个道理，但并未付诸行动，因为他们习惯了原有的做法，只知道对客户摆架子、耍威风。正因如此，Tsukashin没能成为像PARCO那样的存在。

PARCO本身不做零售业务，所以非常重视商户的利益。百货商店有一个坏习惯，那就是商户一定会送礼品过来，如果不送礼，交易量就会减少。这就像水户黄门故事[1]里那些贪婪的恶霸官僚一样。我曾经严厉禁止这种行为，虽然在一段时间内有所减少，但在我离职后，这种行为立刻死灰复燃。传统观念和大环境的影响根深蒂固，即使一两个经营者暂时能够遏制，但只要这样的经营者离开，一切就会恢复原状。

不懂自然的人越来越多

三浦：如果您现在还活跃在一线，您想打造什么样的项目呢？

堤：首先浮现在我脑海里的还是Tsukashin。在Tsukashin的建设中，我们使用了一片相当广阔的土地来打造一座全新的城镇。从一开始，我就跟日建设计（日本知名建筑设计公司）说不要做那种太规整的计划。然而，他们最初的提案竟是一个像大型体育馆那样的混凝土结构建筑，完全违背了我的初衷。虽然我明确表示了反对，但设计方无论如何也无法摆脱大型建筑结构的思路。最后我生气地说：“下次再找设计公司，一定要找一流的设计事务所。”日建设计也很生气，反驳道：“我们就是一流的。”

后来，我和设计事务所反复进行商讨，总算大致确定了设计方

① 德川幕府创始人德川家康之孙——德川光圀的传奇故事。他常以平民装扮游历民间，遇不平事便亮出尊贵身份，惩戒恶徒。因水户藩主世袭“中纳言”官职（别称“黄门”），后世遂尊称他为“水户黄门”。

案，其中一项规划是：这里有一个池塘，被家人带来一起购物的孩子们在池塘边玩耍，看到蝌蚪渐渐变成青蛙，就会更真切地感受季节变换。此外，小酒馆旁边有超市，超市前面就是洗衣店。但最终这个项目还是失败了。这不仅是因为设计事务所没做好设计，连我的一个老同事看了也直摇头："我可忍受不了这样的杂乱。"（笑）也就是说，这个项目不仅设计得不好，运营得也不好。

三浦：这个想法超前了 20 年。现在人们已经可以理解了。

堤：但在那个时代，这种理念注定无果。后来我听说池塘里的蝌蚪都死了，我查了一下才知道，是因为池塘里被灌入了自来水，自来水中含有氯气。唉，现在连大人都不知道蝌蚪应该在什么样的环境下长大。像这样的状况接连不断，我遭遇了一系列的失败。如果是现在，情况或许会有所不同。

我一直希望能有机会与三四十岁的建筑师们深度讨论一下。因为上一代人总觉得用混凝土建造建筑就是建筑的全部。不过像仙田满（日本著名建筑师）那样的建筑师就不一样，作为游乐园设计方面的行家，他的作品很有意思。

三浦：他还成立了儿童环境学会，我也被邀请去那里做过演讲。他确实建造了很多优秀的建筑。

城市规划和建筑设计没有从"人"的角度考虑

堤：在城市规划和建筑设计领域，现代主义自古以来就一直很有影响力。比如池袋太阳城那块地，原本是东京拘置所（监狱），占地约 10 万平方米，被我们接手了。当时我负责类似事务局的工作，所以就邀请了几位专家过来，一起讨论要打造什么样的项目。

直到现在，我还记得索尼公司的盛田昭夫先生对我说："堤先生，我们来打造一座不眠之城吧，现在大部分白天的市场都已经被开拓了，还没怎么被开发的，就是人类睡眠的时间。如果能让人们在原本应该睡觉的时间也出来活动，至少还能拓展三分之一的市场。"我当时就回应道："这是什么意思呢？我有点理解不了。"我们俩就像抬杠一样争论起来。（笑）那时我就在想，盛田先生的营销理念里是不是缺少了"人"这个主语呢？

三浦：看来他是想不留空隙地全面开发吧。

堤：就像埃菲尔铁塔一样，在夜间给东京塔照明，我一直对此存疑。单从视觉效果来说，灯光下的东京塔确实很美，但问题是，这样做真的能展现城市的魅力吗？如果只是从日落开始亮灯，持续大约三个小时后熄灭倒还好，可它是一整晚都亮着啊，这得以人们一整晚不睡觉地欣赏它为前提吧。我对此实在难以认同。

在太阳城开发的过程中，我们真的经历了很多挑战。比如，如何改变拘置所旧址给人们留下的负面印象呢？当时很流行一首歌叫《监狱摇滚》，所以我提议举办一场摇滚音乐节，结果有人反对，说那样做有可能会被右翼分子袭击，毕竟这里曾是战争主导者被行刑的地方。不过我觉得，要想把这种阴暗的印象转化为积极的东西，摇滚似乎是最合适的选择。当时我甚至差点就去找三岛由纪夫商量这件事了。就在我准备动身的时候，三岛闯入了自卫队。①

城市的永旺购物中心化

堤：说实话，我对城市再开发的概念究竟会如何发展非常感兴趣，更确切地说，是有些担忧。像六本木那样的再开发项目，实际上受益最多的是原本就存在的麻布十番商店街。（笑）这是个很有趣的现象，从某种意义上说，甚至显得有些讽刺。尽管再开发吸引了很多外地人和东京本地人，但他们大多只是在新建成的高楼大厦间逛着橱窗，如果要买东西，还是会去麻布十番商店街。自从六本木新城建成后，麻布十番的销售额上涨了三成左右。

三浦：在我看来，六本木新城和表参道新城就像"都市里的永旺购物中心"。它们将客人与外部环境隔绝开来，人们只能在商场内部活动，买完东西后直接回家，说白了就是这样一个封闭的结构。越谷的永旺购物中心有三层楼，长 1100 米。这意味着从越谷车站出发，人们只能在 1100 米的范围内来回走动。

实际上，我正在与东急手创馆的滨野安宏先生一起合作一些项目。滨野先生似乎也非常不喜欢表参道新城。表参道新城面向马路

① 1970 年，日本知名作家三岛由纪夫鼓动日本自卫队队员发动政变失败后，切腹自杀。

的那一面几乎都是墙壁。那么长的距离，实际入口只有一个，一旦进去，就只能在里面绕来绕去，目的就是让顾客在里面购物，这是一种与外界完全隔绝的设计。六本木新城也是如此，进去之后都搞不清楚出口在哪里。最近这种设计似乎很流行，就像是一旦抓住顾客就不让他们轻易跑掉。（笑）

在我看来，这完全不符合城市的特质。我希望城市能多一些自由空间，比如，去 PARCO 购物，中途还能顺便到东急手创馆逛逛，再走进后街的小唱片店，就像在海绵的孔隙中穿梭一样，享受逛街和购物的乐趣。与之相反，那种“一旦进去就不让你轻易出来，总之必须在这里买了东西才能离开”的资本逻辑，或者说对消费者的剥削方式，都与消费者主权背道而驰。我实在无法忍受。

最终，到处都在打着所谓的“效率主义”旗号建造这样的大楼。大约两年前，在一个国际交流基金举办的研讨会上，我和一位建筑专家坐在一起，我就问他：“你去过表参道新城吗？”他说：“还没去过，我打算等它变成废墟之后再去。”（笑）真是莫大的讽刺。

无论是品川还是大崎，开发的都是这种封装型商业设施。随着这种开发模式的普及，街道逐渐消失了，人们被限制在封装型购物中心里。封装型的对立面是通道型，然而现在一条条通道（街道）正在相继消失。我认为将封装型购物中心模式延伸到城市建设中是有问题的。城市必须是通道型结构才能保持活力。如今，车站大楼也随着地下、站内的开发，变得越来越像一个个“包裹”。JR（日本铁路公司）在这方面也有责任，它的开发方式是不让乘客出站，所有事情都可以在车站内解决。虽然这是一种开发策略，但这样下去，必然会导致都市文化的衰退。

堤：深有同感。我认为这种封装型商业建筑是“错误的现代主义”。“这里是商业区”“这里是购物区”“这里是住宅区”，这种城市划分方式本身就是反人性的。商业区一到晚上就失去了人气，变成了“死城”。即使发生了抢劫案，也没人知道。

三浦：在越谷的永旺购物中心，儿童玩具卖场大概安装了五个监控摄像头。表面上看是为了保障安全，但实际上也说明这里可能会出现“奇怪的人”。这与真正开放、自由的城市氛围还有很大距离。

堤：所谓城市，应该是现代化建筑旁边有一片荒地，旁边是摇摇欲坠的木造房屋，再旁边是一家现代风格的咖啡馆。正是在这种不规整之中，才形成了适合人类生活的空间。一味强调合理性、计划性来生硬地打造城市，本身就不符合人性。

说点自吹自擂的话，我写的《萱刈》就是一本以城市规划学者的挫折为主题的小说，可惜完全没有引起什么关注和反响。（笑）现在的城市建设方式确实有问题，封装型设计，加上商品销售至上主义的理念，导致孩子们根本没有可以自由奔跑玩耍的空间。长此以往，城市将变得不适宜居住。

三浦：田町和大崎的高层公寓都通过地下通道与车站连接起来了。这样一来，人们完全不用走上街道就能生活。

堤：这就变成了完全被管理起来的状态。如果从车站到工作地点的路都是连通的，晚上又住在大型住宅区，我很担心，这种生活真的不会令人感到窒息吗？有些人甚至可能会得神经衰弱。一个人早上上班前上厕所，拉动马桶冲水绳，结果感觉四面八方大约有50个人也在同时拉这根绳子。如果晚上醉醺醺地回家，都不知道该进哪个门，因为每家都是一样的构造。在家里，如果妻子说“听说隔壁那家男主人当上课长了”，这话听起来就像是对自己的批判。这样下去人会变得不正常的。我觉得现在最落后的恐怕就是城市规划和建筑设计了。不过，正因为这种城市建设方式的普及，无印良品才会畅销吧，算是作为一种弥补。我觉得表参道新城稍微好一些，至少那里还有榉树林荫道，能给人们带来一丝慰藉，所以我有时会去那里走走。

不再热爱生活的日本人

堤：以前有个非常优秀的汽车销售员，我觉得他那么厉害，在家电卖场肯定能卖出很多冰箱，就录用了他，结果他根本卖不出去。（笑）我问他为什么卖不出去，他说：“我喜欢车，所以能卖出去，但我不喜欢冰箱。”看来对商品是否投入感情，对销售情况有决定性的影响。这让我意识到自己的想法和别人实际的想法之间的差距。

比如，我觉得如果在居民区附近开一家家庭餐厅，主妇们就不用做饭了，这对社会来说大有好处。但最近我开始对此产生怀疑，家庭餐厅的出现说不定会破坏家人团聚的氛围。

三浦：我觉得日本人好像渐渐不再热爱生活了。NHK 新闻曾经有过报道，御节料理（新年时吃的传统菜肴）的销售额比上一年增长了 9%。原因是人们都不愿意在家做了，而且，因为孩子们不爱吃御节料理的虾，有的御节料理就把这道菜换成了炸虾。当然，我并不是说主妇被家务束缚是好事，但要说读书、写作是高雅的，能让主妇实现自我价值，而做饭、打扫卫生就那么无聊，我对此表示怀疑。

此外，最近还有个流行语叫“KY”，意思是“不懂读取气氛（即察言观色）”。我因此重新读了评论家山本七平先生的《“空气”研究》一书，里面提到了一件有趣的事。江户时代的武士中间流行一种说法：因为被周围的气氛影响而改变自己的意见，是一件很丢脸的事情。然而，明治时代以后，人们开始学会“读取气氛”，结果却爆发了战争。对现在的年轻人来说，能否“读取气氛”成为一种来自外界和内在的巨大压力，或者说负担。我认为这表明日本人在逐渐变得同质化。

对谈见田宗介：年轻人消费意识的转变

Consummatory 这个概念，是我在大学时代通过见田先生的论文了解到的。最近这个概念在日本的商业人士中再次受到关注，也有一些年轻的评论家和社会学者在积极地推广。因此，即便放在今天，见田先生依旧是一位在社会学领域具有深远影响的巨擘。

我不是见田先生任教的东京大学的学生，从未听过先生的课，但我从学生时代起就认真阅读他的著作。2000 年，我寄了一本自己写的书给见田先生，承蒙先生回信，后来有了机会与先生对谈。通过对谈，相信你对 Consummatory 消费价值观会有进一步的了解。我不知道见田先生的书在中国有多少读者，但我深信，对于那些正在或者即将研究经济高速增长背景下中国人心理的人来说，阅读见田先生的著作，理解他的学术理念，将会是极其宝贵的参考。

见田宗介（1937 年 8 月 24 日—2022 年 4 月 1 日），日本著名社会学家。东京大学名誉教授。专注于现代社会学、比较社会学及文化社会学研究。

见田宗介从小就对哲学抱有浓厚的兴趣，尤其爱读从爸爸那里得来的黑格尔著作《伦理学》。然而，他的童年并不顺遂：6 岁母亲早逝，“二战”期间在日本大学教授德语的父亲因批评纳粹而被捕入狱。战争结束后，父亲虽获释，却一直未能找到工作。这些经历深深影响了见田宗介日后的思想养成。

1960 年，见田宗介从东京大学文学部社会学专业毕业，1965 年完成博士学业，在大学教养学部担任专业讲师，后晋升为助理教授。为了进一步拓宽学术视野，见田宗介前往墨西哥留学，1982 年回到东京大学院综合文化研究科与教养学部担任教授。在东京大学任教期间，见田宗介深受学生喜爱，讲座总是座无虚席。

相关著作

《现代日本的精神构造》《价值意识的理论：欲望和道德的社会学》《现代日本的心情史：流行歌曲的社会心理史》《现代的青年像》《现代日本的心情和伦理》《为了人类解放的理论》《现代社会的社会意识》《现代社会的理论：信息化、消费化社会的现在和未来》《社会学入门：人类和社会的未来》《现代社会的存在结构》《气流的响声：交响社团》《时间的比较社会学》《自我的起源：爱和利己主义的动物社会学》（后四部著作以真木悠介为笔名）

相信“来世”“奇迹”的年轻人的心理变化

三浦：2007 年，我将 1985 年至 1992 年出生、成长的这一代年轻人命名为“Z 世代[①]”，并对他们展开了相关调查，从中发现了非常有趣的现象。他们展现出的心理状态，与我这代人（我出生于 1958 年）有很大不同。我们从小被灌输的“进步”“梦想”“未来”等价值观，对“Z 世代”而言已变得不再重要。

这与见田先生近年来提出的观点是相同的。NHK 广播电视文化研究所自 1973 年启动“日本人意识调查”以来，见田先生一直在其中予以协助。您称这项调查是“唯一运用统计学上可信的规模和方法论来持续追踪日本人的思维方式并感受这些方式的变化过程的资料”。深入分析调查结果，我们可以发现，战后持续增长的关于“进步”“家庭”“人际关系”“宗教”等方面的意识，近年来出现了停滞，甚至开始逆转。这一现象在 20 多岁的年轻人身上尤为明显。比如，20 世纪 70 年代以后，相信“来世”“奇迹”的年轻人逐渐增多，在 2003 年至 2008 年间急剧增加（图 4-4）。这也是在“Z 世代”身上能够看到的倾向。

① 不同于通常所说的“Z 世代”，这一群体是三浦展在《日本年轻人论》一书中提出的独特世代。他们出生于日本泡沫经济的鼎盛时期，少年时期经历了泡沫经济的崩溃，伴随着日本“失去的 30 年”度过了青春期，并踏入社会。与热衷消费和数字文化的全球“Z 世代”不同，日本这一代年轻人呈现出鲜明的本土特质：他们崇尚传统，尤其对祭祀舞蹈、地方节庆等民俗文化抱有浓厚兴趣；在价值观上，他们更倾向于精神追求，许多人持有宗教信仰或对超自然力量抱有敬畏之心。

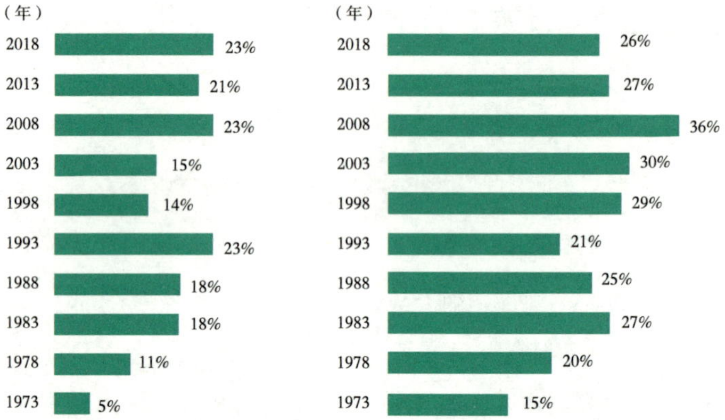

图 4-4 相信“来世”（左）、“奇迹”（右）的年轻人在 20~29 岁人群中的占比[1]

见田：大约 100 年前，马克斯·韦伯在《新教伦理与资本主义精神》一书中指出，现代化的核心在于合理化，也就是“祛魅”。人们不再相信来世、奇迹等带有神秘色彩的事物，这才是现代化的本质。然而，近年来“日本人意识调查”结果显示，尤其是在年轻一代中，现代化进程似乎出现了停滞甚至是逆转。您刚才提到的数据就是一个明显的例证。

三浦：也就是说，年轻人并非在“祛魅”，而是在进行“再魅化”。

见田：从数据来看，可以说他们的宗教意识有所增强。但我并不认为这意味着信仰聚集于某一个特定宗教，而且，对于是否真的

① 资料来源：日本 NHK 广播文化研究所“日本人意识调查”。

可以说“年轻人的宗教意识增强了”，我也持怀疑态度。可以确定的是，在年轻人中，韦伯所指出的那种现代合理主义的世界观正在发生动摇。其结果就是，他们容易被有影响力的明星的言论所吸引，并表现出对“来世”“奇迹”的信念。但我们更应该关注的，并不是这些表面现象，而是背后的原因。

三浦：奥姆真理教事件[①]发生后，人们对特定宗教的信任度降低，转向了一种更广义、更模糊的“来世”或“奇迹”信仰。

家庭的“进步”触底反弹

三浦：战后以“进步”为导向的时代正逐渐走向终结，这一点从“日本人意识调查”中关于家庭的数据可以窥见一斑。就理想的家庭模式而言，自调查开始，“男主外女主内”“性别角色分工”的倾向就总体呈下降趋势，到了1998年已经触底。以20多岁的年轻人为例。从2003年到2008年，“男主外女主内”的占比固定在5%，“性别角色分工”的占比从6%增至8%，而“夫妻独立”的占比则从28%下降到了25%。在女性对于“职业和家庭”的态度方面，20多岁的女性群体中，“专注家庭”占比从6%上升到8%，而

① 1995年，日本极端宗教团体奥姆真理教在东京地铁投放沙林毒气，造成13人死亡、6000余人受伤。这是日本战后最严重的恐怖袭击事件，引发了社会对宗教组织和精神控制问题的深刻反思。

“育儿优先”和“育儿工作兼顾”占比均保持在45%左右，没有明显变化。

日本内阁府于2007年开展的“关于男女共同参与社会分工的舆论调查”也呈现出了相似的趋势。表示认同“男人工作、女人持家”的20多岁女性占比从2004年的34.8%暴涨至40.2%，而表示“结婚或生了孩子后就打算辞职”的女性占比也从17.4%增至21.2%。

见田：在年轻女性群体中，对于丈夫外出工作、妻子照顾家庭的“现代父权制”，原本持肯定态度的意见在持续减少之后出现了些许反弹。虽然目前这只是局部现象，但仍值得我们关注。

三浦：尽管有这么多宝贵的启示，却一味强调战后价值观的进步，而不去讨论这些价值观为何出现停滞甚至逆转，这实在有些奇怪。是不是过度执着于推广“男女平等”这类战后的“进步”理念，以至于忽略了日本社会其实正在迈入一个新的阶段呢？

见田：现在的年轻女性渴望成为“女王蜂”，把工作挣钱这种麻烦事交给“工蜂”——虽然“工蜂”是雌性，而自己则尽情享受成果。从外在形式上看，这似乎是在走回传统的现代父权制，但实质上却大不相同。可以说，她们在追求一种“战略性现代父权制”，而这与女性解放并不矛盾。

三浦：原来如此。既然已经看到了新的发展趋势，就应该从各个角度进行分析。我认为，也许是因为非正式雇用的情况增多，才让年轻女性更希望成为家庭主妇吧。与其在不稳定、低薪的岗位上挣扎，还不如回归家庭。

务实的年轻人

三浦：您在《价值意识的理论》一书中，根据以当下为中心还是以未来为中心、以自我为本位还是以社会为本位，将价值意识分为“快、利、爱、正”四种。在运用这一理论所进行的“日本人意识调查”中，我发现，2003年，16岁至24岁的女性中“利”（利益）倾向急剧增加。虽然国民整体对“利”的追求呈下降趋势，年轻女性群体却呈现出与此相反的态势。在针对“Z世代”的调查中，选择“希望认真思考未来，有目标、有计划地生活”的年轻人占比达43.8%，对于计划性生活方式显示出了强烈的倾向。

见田：从我在大学教学的经验，我也能感觉到追求踏实的年轻人越来越多。大约从30年前开始，我在研讨会的集训中尝试了一个名为“乌托邦画廊”的项目。这个项目鼓励学生畅所欲言，描绘自己心目中理想的社会形态，即使那些理想完全不现实也没关系。从20世纪70年代末到80年代，学生们描绘了各种各样天马行空的乌托邦。但是，渐渐地，这样大胆想象的学生越来越少，即使鼓励他们哪怕是编一个虚构的故事，回应也寥寥无几。

有一个学生的发言让我印象十分深刻，他说：“哪怕只有一次也好，我想生活在经济繁荣的时代。”年轻人的梦想变得如此渺小，从某种意义上说，还挺让人感慨的。

三浦：现在的年轻人经常说想体验一下泡沫经济。

见田：对于现在的年轻人来说，泡沫经济早已是遥远的历史。他们有记忆时，日本经济就一直处于不景气的状态。就连21世纪

初的经济复苏，也没有带给他们什么切实的好处。对他们来说，20世纪80年代那种绚烂的文化，简直就像神话般的梦境。(笑)

三浦：我一直认为，与其为了达到某种目的功利性地生活，不如以自我满足的方式生活。但事实上，自我满足的方式并没有什么固定套路，只能自己去摸索。在经济较为宽裕的时代，社会能够包容年轻人不断尝试和犯错，但现在，那些想要以自我满足的方式生活的人，只能听到“自己承担责任，努力奋斗”这样的话。我认为是这样的社会环境让年轻人变得既迷茫又务实。

“退休后社会”的年轻人所面临的困境

见田：日本社会学家大泽真幸将现代称为“不可能性的时代”。确实，年轻人感受到的“什么都做不到”的闭塞感，是根深蒂固的。自明治维新以来的100多年间，日本一直以工具性(利益)为导向，奉行生产主义，重视为了将来而工作，并据此构建了人生模式。然而，这种模式如今已经不再适用。20世纪依靠大量消费实现的高速增长，在资源和环境方面已经被证明是不可持续的。然而，更大的问题在于，新的方向却并不明朗。不知是幸运还是不幸，由于当前经济的不景气，每个人都只能先工作，以工具性的生活方式勉强应对。但一旦经济复苏，真正的难题或许才会浮现——人们该如何以自我满足的方式生存下去。

曾有这样一种讽刺：经济高速增长期的日本男性是工作狂，都不知道该如何度过休息日。此外，“团块世代”[①]临近退休前后，也有过关于“拼命工作的男性在退休后会陷入身份认同危机”的讨论。实际上，在经济高速增长期结束之后，现在整个日本社会都处于一种不知道该做什么的状态。

三浦：原来如此。这么说，整个日本都像是进入了“退休后”的状态啊。（笑）现在的年轻人之所以活得辛苦，或许是因为他们出生在看不到未来的“退休后社会”吧。

这么一想，就能理解为什么最近的年轻人总是急于看到结论了。过去，公司可以说服新员工：“只要忍耐10年，工资就会上涨，你自己也会得到成长。”但现在，连公司是否能存活10年都很难说。因此，年轻人只愿意做那些能直接带来自身成长的工作，如果无法确定现在的工作对自己是否有意义，就会立刻辞职。

很多畅销书的书名也体现了这种倾向，比如“年收入增长10倍”“读书速度提升10倍”等，完全是极致的利益导向。年轻女性向往成为轻松赚钱的陪酒女郎也是同样的道理。根据警察厅的调查，大约六成的电信诈骗犯都是20多岁的年轻人。在这个哪怕坚持三年也不能保证得到回报的时代，一夜暴富的想法愈发强烈。而这种想法往往和相信奇迹的心态相伴而生。

在经济高速增长期，社会为人们追求“利”提供了清晰的路

① 1947年至1949年间出生的日本战后婴儿潮一代，是日本人口最多的一代人，因在经济高速增长期步入社会而对社会结构和消费文化产生深远影响。该名称最早由作家堺屋太一在小说《团块世代》中提出。

径：进入公司上班，住进员工宿舍，进行储蓄型理财，钱就会慢慢积攒下来。但现在，每个人都必须自己去追求“利”。因为在一个未来充满不确定性的时代，只能追求短期的“利”。“利”原本应该是面向未来的，现在却变成了此时此刻的目标。

见田：把个人责任推向极致是美国在2007年金融危机爆发之前一直推行的社会制度，日本也在推行新自由主义社会模式。在经济高速增长期，基于个人责任的自由竞争为社会带来了活力，进一步推动了社会的高速发展。我个人其实比较喜欢绝对自由主义的社会，但现在的新自由主义社会通过一味地煽动经济竞争，让人们失去了生活的从容，反而让社会变得不那么自由了。

拉美文化的启示

见田：关于自我满足的生活方式，我想到了拉丁美洲的“美好人生奖”。有一个在墨西哥访学的人，他来自拉丁美洲的其他国家，因为在自己的国家获得了“美好人生奖”而受到关注。尽管是一位视障人士，他却凭借自己的努力过上了幸福的生活，同时也给周围的人带来了幸福。国家级奖项通常是奖励为国家做出贡献的人，“美好人生奖”因此显得尤为特别且美好。

对于已经实现了“现代化”这一宏大目标，如今却迷失方向的日本人来说，拉丁美洲的价值观给予我们很大的启示。在未来的时代里，“拥有美好的人生”将成为一种重要的价值取向。只有形成一种无论地位如何、财富多少，每个人都能彼此尊重的文化氛围，21 世纪的发展方向才会变得清晰。

密歇根大学开展的国民幸福度调查显示，以墨西哥为首的加勒比海沿岸国家的幸福度名列前茅。听起来或许有些极端，但我认为，在现代社会以前，日本长期以中国为榜样；进入现代社会后，又先后以美国和英国等国家为模型；而在后现代社会中，拉丁美洲的文化或许可以成为一个新的参照对象。拉美文化的精髓在于享受人际关系本身，无论是恋爱关系，还是朋友、同事间的交往。享受人际关系不需要消耗太多资源。

三浦：确实，日本人正在朝着这个方向发展。2004 年年末印度洋海啸发生后，我认识的一位旅游记者策划了一场前往斯里兰卡的志愿者旅行。我在报纸上介绍了这次活动，吸引了很多退休人员和年轻人报名（坐满了两辆大巴车），甚至还需要组织第二批旅行团。虽然现在经常有人说年轻人不爱出国旅行，但他们其实只是对观光旅行不感兴趣，更希望参与能够帮助他人的活动。

另外，现在年轻人中出现了所谓“简约族”，在女性中尤为常见。这些人对汽车、衣服没有太大兴趣，更追求人际交往，渴望结识各种各样的人，与有趣的人相遇，与相处愉快的人共度美好时光，同时，他们也希望自己能给别人这样的感觉。

见田：自我满足的生活方式其实就是这样，仅仅待着就让人感觉很快乐。

在旧有的共同体崩塌之后

三浦：从“日本人意识调查”中也可以看出，日本人正朝着追求人际关系的方向转变。一直以来，对于“邻里”“职场”“亲戚”这三种对象，希望保持全面深入交往的人群占比持续降低，而倾向于形式化交往的人群占比则不断提高。但2003年到2008年，这一趋势首次出现逆转：选择维系表面关系的人在减少，愿意与其中两种或两种以上对象进行全面深入交往的人有所增加。正因为战前的日本社会对个人施加了过多的束缚，所以人们迫切地渴望从束缚中解放出来。但随着旧有共同体的彻底瓦解，这种趋势似乎正在逆转。

见田：随着传统的共同体解体，个人获得了自由，即使现在寻求新的共同体，也不会像过去那样受到束缚，这样的安心感似乎正在扩散开来。

三浦：据2008年的调查显示，1969年至1973年出生的父母一代中，希望与亲戚保持全面深入交往的人群占比从24%提升至36%。在这个已经变得松散的社会，“女儿女婿带着孩子住在开车10分钟就能到的地方，可以互相照应”的关系，似乎是十分必要的。

见田：我认为现在人们追求的是“自由的共同体”，想要退出就随时可以退出，不会受到太多束缚。

三浦：如果这种趋势继续发展下去，我们也许就能看到日本社会的新面貌了。不过，令人担忧的一点是，这种自由的网络是否对所有人都是公平、可及的？根据我的调查，越是“高阶层的女性”，往往越能构建多方面的开放性网络，而越是“低阶层的男性”，就越会局限于本地的封闭网络中。这并非说哪一种更好，但随着传统共同体的进一步瓦解，新的共同体的构建被提上日程，这可能会导致阶层差距进一步扩大。希望日本在关注这一方面的同时，也能在21世纪创造出适应自身发展的模式。

第五章

消费行为背后的价值观

这一章收录了我以前撰写的日本社会观察文章。对于现在中国逐渐兴起的“躺平族”来说，了解25年前日本年轻人的状况想必很有意思。

我遇到过一些中国人，他们说“躺平族”是日本传到中国的。这个说法其实是错误的。在社会变得富裕后，单纯为了金钱而工作的欲望就会降低，更多年轻人希望为了自己而工作，在找到具体想做的事情之前，他们就会选择“躺平”。从心理学的角度来说，这是“暂缓期”（moratorium）。

还有一些中国人认为，现在的日本人都是“躺平族”。但如果真是这样，东京的街道和建筑不可能如此整洁。

当本国出现一些自己无法理解的新现象时，过去的日本人也很容易把责任推给其他国家。50年前还有不少日本人说无论什么坏事都是从美国传来的。

将责任推给别人是不对的。随着社会的变化，新的行为和价值观自然会涌现。已经取得成功的人往往秉持旧有的价值观，所以无法理解这些新行为，并会习惯性地将其视为坏事，加以批判。然而，在批判之前，我们首先应该探究这些令人费解的新行为背后所蕴含的价值观。

5.1 从“家”到“个”到“街”的演变

移动空间

我把战后日本人消费行为模式的变化称为“家个街”，理解“家（家族、家庭）→个（个人、个人空间）→街（街道）”这一演进脉络，是洞察日本社会消费结构变化的关键。

1999 年，丰田在推出一款叫作 FunCargo 的汽车时，首次提出了“移动空间”的概念。我认为其极具开创性，不禁为之拍案叫绝。“移动空间”这个词非常精准地捕捉到了团块世代以后年轻一代价值观的变化，同时也体现了“家个街”的发展趋势。

也许现在有人会说，汽车本来就是在大街上行驶的交通工具，谈不上什么空间。但在 20 世纪 70 年代以前，拥有一辆汽车对一个家庭来说意义重大。因此，一个家庭在父亲工资增加，家庭生活水平提高时，就会更换更大、更高级的汽车。做普通职员时买Publica，升任课长时买Corolla，当上部长就换Corona，当上局长就换MarkII，成为公司董事就换成了Crown。这就是所谓的“总有一天我会拥有一顶皇冠”[①]。

其实也有人对汽车本身没什么兴趣，心想“就算当上部长，开Corolla也挺好”，但经销商不会这么善罢甘休，在买车的时候，他们会热情地劝说：“您已经当上部长了，开Corolla不太合适，换成Corona吧。”“是啊，毕竟去打高尔夫时开Corolla不太像样，那就换一辆吧。”就这样，随着家庭男主人的职位和收入水平的提升，汽车也会相应地更换为更高级的车型。这并不是根据个人喜好来选择汽车，而是依据在公司里的地位及相应的家庭收入水平来做选择。从这个意义上说，汽车也属于家庭商品。

但到了20世纪80年代，汽车成为年轻人的个人商品。以家庭为单位追求富裕的时代在20世纪70年代大致结束，80年代则是以个人为单位追求富裕的时代。

20世纪80年代的年轻人喜欢奢侈品，追求名牌。所以他们虽然年轻，但也会开一些价格比较高的车，比如本田Prelude、丰田Soarer，要是能开上“宝马”就更好了。这一代人的价值观不是通过努力最终能开“皇冠”，而是一开始就从“奔驰”起步。这意味着汽车从原来根据公司地位和家庭收入水平来选择的商品，转变为

① Publica、Corolla、Corona、MarkII、Crown均为丰田汽车车型。

根据个人喜好来选择的商品。这一代人具有强烈的进步欲望，他们认为购买高档商品会给人一种自己很了不起的感觉，这一价值观与上一代人是相同的。

如今已经进入了“移动空间”的时代，其理念是将个人空间带入城市、带上街道。“移动”这个行为本身就具有重大意义，个人空间不需要特别豪华，哪怕只是一个箱子，只要感觉像在自己的房间里就行。这实际上是一个非常巨大的时代变革。

有了手机就不用回家了

“家个街”现象的先驱当属随身听。最初立体声音响设备就是为了家庭使用而出现的。在20世纪50年代，它可以说是中产阶级的客厅或书房标配。20世纪60年代以后，随着社会走向中产化，立体声音响逐渐普及。不过，用立体声音响听音乐的大多是年轻人。因此，放置立体声音响的地方逐渐从客厅、书房转移到了年轻人的房间。之后，个人家电的时代到来。1979年，随身听问世，立体声音响就只有在大街上才能看到了。

继随身听之后，电话也成为“家个街”的典型代表。20世纪60年代，电话成为每个家庭的必需品；到了80年代，电话成为独居者的生活必需品。即使和父母住在一起，自己的房间里也会安装分机——电话从家庭财产逐步转变为个人商品。如今则已经进入手机时代。现在的年轻人会把家里配备的电话称为“家用电器”，也就是说，现在一提到电话，首先想到的就是手机，而家里安装固定电话的优先级变得很低。很多独居者可以没有家用电器，但必须有手机。

反过来说，因为有了手机，人们回家的理由变得没那么充分了。以前年轻人之所以回家，是因为想打电话。对于当时的年轻人来说，睡觉不一定非要在自己家里，饭在哪里吃都行，但只有在自己家里才能打电话。当电话可以随身携带之后，回家就变得没有必要了。

“街电”时代

“家个街”的逻辑同样适用于家用电器。20 世纪 70 年代以前是家电普及的时代。到了 20 世纪 80 年代，日本社会进入“个人家电”时代，即使是独居的年轻人也会配齐各种家电。如今则可以说是“街电”时代。

“街电”指的当然不是有人扛着冰箱在街上走，而是指有冰箱和微波炉的便利店。一个人在便利店就能解决吃饭问题，实际上就相当于随身携带了冰箱和微波炉。便利店让家电变得不再必要，甚至让家本身也不再必要。便利店代替了母亲的角色，我将其称为“便利店母亲”。

而且便利店是 24 小时营业，比母亲还能容忍我们的任性。20 世纪 80 年代，7-11（日本连锁便利店）在电视上播放了一则广告，一个叫庆子的年轻女人半夜突然想吃稻荷寿司，就跑去 7-11 买。稻荷寿司也好，关东煮也好，乌冬面也好，只要想吃，什么时候去便利店都可以吃到。在现在这个社会，人们一旦有了欲望，不必忍耐到天亮就能立刻得到满足，而且，如果有需要，便利店还能帮忙加热食物。有便利店的存在，意味着街上同时拥有了冰箱、微波炉和食物储藏库，就跟家里有人做饭是一样的。

内食→外食→个食→中食→野食

“吃饭”这一行为本身也遵循着“家个街”的趋势。从全家一起在家中用餐的“内食”时代，到全家一起外出就餐的“外食”时代，再到个人在不同时间独自用餐的“个食”（或称“孤食”）时代，接着是把从便利店购买的便当等经过简单加工的食品带回家吃的“中食”（介于“外食”和“内食”之间）时代，如今则是坐在街头吃或边走边吃的“野食”时代。

方便面的出现意味着饮食从“家庭”转向“个人”。方便面在 30 年前刚问世时，还只是夜宵或零食，后来逐渐成为主食。随之而来的是 1.5 人份的杯装泡面。后来便利店提供热水后，年轻人就坐在便利店门口吃泡面。再后来，甚至边走边吃泡面、便当或关东煮的现象也比比皆是。

啤酒也是如此。麒麟啤酒是“家”式啤酒，丈夫在家里喝，由妻子斟酒，所以瓶装是主流。但朝日啤酒是“个”式啤酒，一个人想喝酒时，可以按照自己的喜好独自享用，所以易拉罐装是主流。那么，有没有“街”式啤酒呢？这样一想，或许就能想到新商品开发的切入点了。正当我这么想时，一种叫作“瓶罐装啤酒”的新型啤酒登场了。这简直就是专门为便于随身携带设计的啤酒。尽管一边走路一边吃喝这种行为可能不够雅观，但只要人们有将物品随身携带的需求，这一趋势就无法阻挡。

我曾经在电车上看到一个年轻人吃关东煮。他应该是在车站前的便利店买的，上车后就开始吃，车厢里弥漫着关东煮的气味。他吃完关东煮后，闭上眼睛一脸陶醉地听着随身听。我心想，这什么人啊？真没规矩，还是离他远点比较好。过了一会儿，他到站下了车，把盛关东煮的容器和一次性筷子都装进袋子带走了。我不禁疑惑，他到底算有素质还是没素质，如果干脆把垃圾留在车里，那他就是一个没素质的家伙，但他却把垃圾带走了，而且他下车的车站还是驹场东大前站（东京大学所在的车站）。

如今很多商品都变得便于携带，甚至是否便携成为畅销的因素之一。比如，袋装薯片变成了桶装薯片，这样就可以边走边吃。瓶装水最初只有 1 升或 1.5 升的规格，从 1996 年推出了 500 毫升装起，就成了在街上可以随身携带的商品。

就这样，**整个社会逐渐以“一切皆可携带”为标准。**音乐也是如此，现在可以从网上下载音乐，CD 和 CD 播放器都不需要随身携带了。所以，我们的社会已经变得只要带着手机，无论何时何地都能享受快乐。

不囤货的生活方式

或许是为了应对这类便携需求的增加，便利店的食品近来愈发呈现出小包装化趋势。筒装薯片的高度减至原来的一半甚至三分之一，仙贝的包装袋是原来的一半大小，饼干和曲奇饼干盒同样如此。瓶装水的主流规格从原来的500毫升变成了350毫升。制造商或许是在有意识地提高食品的便携性。

但这样一来，恐怕独居人士的冰箱里也不用保存饮料了，因为买了之后一出店就喝，到家前就已经喝光了。零食也是如此，买回来马上就能吃完，根本不需要把吃剩的东西保存起来。很多人认为，与其一次性买太多用不完，不如只买一次能用完的量，用完再买。更确切地说，他们在拒绝保存和囤货行为，因为即使保存了，之后也不会再吃，而是会买新的想吃的东西。而且食物保存之后经常会忘记，等想起来的时候，往往已经发霉、变质。

如今生活中“囤货”的概念正在消失。囤货是物资剩余的积累，是定居生活的必要行为。以“蚂蚁和蝈蝈”的寓言为例，蚂蚁预测到将来可能会有物资不足的情况，因而辛勤劳作、积累物资。然而，像蝈蝈一样的现代年轻人更倾向于享受当下，不考虑明天可能会出现物资短缺的状况。所以，他们每次只消费所需的量，不囤货。他们认为，无论何时何地都会有大量的物品存在。由于他们从未经历过物资缺乏的社会，我们并不能指责他们奢侈，只是成长环境的不同，让他们自然而然地形成了这种思维方式。

在个人空间里为所欲为，对公共空间视而不见

日本哲学家大庭健在《所有的界限》一书中指出，现代人有一种倾向："在所属领域中表现为微型的专制主义，在公共空间中则无所顾忌。"也就是说，在个人房间里，"这里是我的空间，我想做什么都可以"的意识变得更强烈了，同时人们也会注意不去触碰其他人的所属物品和空间，而对于不属于任何人的公共空间却漠不关心，觉得在那里做什么都无所谓。大庭先生认为，这样的社会是"丧失公共性的私有社会"。更重要的是，即使在家庭内部，家庭成员也在作为"私人城堡"的个人房间里变成了微型专制君主，客厅、餐桌等公共空间不断缩小。

过去的房子确实存在某种公共性。比如"三浦展的家"，现在人们通常会认为这是我的私有财产，但在过去，人们往往会说，"这是三浦家世代传承下来的"。而租房或者住在单位宿舍的人，自然没有属于"我"的房子或房间，家具等私有财产也少之又少。

正因如此，只要努力工作就能买到属于"我"的房子，孩子也能拥有属于"我"的房间，成为普通老百姓的愿望。因为在"我"所拥有的空间里，无须顾忌任何人，可以自由行事。

但是，人们忘记了自己的房子也应该是一个包含公共性的空间。佛龛和神龛的缺席，意味着家中缺乏连接家庭成员、承载文化与信仰的"公共仪式性"。即使是客厅和餐厅，也未能扮演起"家庭公共空间"的角色。在这样的环境中成长的年轻人，缺乏公共意识也是理所当然的。在"我"的房子里的"我"的房间中长大，坐

着“我”的车出行的孩子，长大后无论是乘坐电车还是走在大街上，都不会意识到这是一个公共空间。他们甚至可能都不知道“公共空间”的概念，所以才会在电车上化妆、吃东西。可以说，他们是在私人空间里成长起来的一代，也成为随时随地携带私人空间的人。

5.2 城市街道上的个体行为变迁

从站着、走着到蹲着、坐着、躺着

在东京年轻人聚集的街区，有很多人随处席地而坐。下北泽车站南口的小广场一到夏天就变成了年轻人的“客厅”，别说坐着，甚至有人直接躺在地上。在惠比寿车站前，我也曾亲眼看到一个年轻人突然在路上躺下了。

说起来，以前的日本人也经常蹲着，甚至坐在地上。在日本各地的市场里，大家都铺着席子坐着卖东西。现在千叶县的老奶奶还坐在神田站的天桥下卖东西呢。这样的传统，是否依然流淌在战后日本人的血液里呢？也许所谓的推进现代化、西方化的目标，让原本蹲坐在地上的日本人突然站了起来。文明开化或许首先就是在文化上让猿人站起来，这才是真正意义上的“进步”。明治时期，日本老百姓光脚走路是很常见的，而且走路姿势也不是挺直腰杆、伸直双腿，所以，走路姿势的改革应该也是一种文明开化吧。后来，军队的行进方式成为模范的步行方式。

因此，对于完全不关心“现代化”“人类进步”这些概念的日本年轻人来说，在路上蹲着、坐着或者躺着，都是再正常不过的事。下北泽、高圆寺，或者吉祥寺的跳蚤市场，对这些年轻人来说应该是很舒适的场所。经过 100 多年的文明开化之后，日本人或许终于变回了亚洲人。

改造属于自己风格的店铺

“高圆寺的街道调性和纽约很像。”说这话的是在高圆寺经营一家黑人音乐唱片店 E.A.D Records 的组狱阳三先生。组狱先生从 1989 年到 1995 年住在纽约的 East Village（东村）。从美发师专科学校毕业后，他在打工的地方听说纽约很有趣，就用卖摩托车的钱买了机票，再加上仅有的 10 万日元存款和做土木工程赚来的十五六万日元，住进了纽约的朋友家。

“高圆寺有各种各样的人。有艺术家，也有音乐家。有想要出人头地的人，也有已经放弃梦想，只会说‘你们加油吧’的人，还有公司里的正常上班族。”他觉得，这种异质的东西混杂在一起形成的城市气味，和纽约很像。

组狱先生大约 5 年前开始在高圆寺居住。从纽约回到日本后，他一开始在哥哥的古着店工作。“我从高中开始就喜欢古着，年长 4 岁的哥哥偶尔从东京回来，穿着古着，听着鲍勃 · 马利的音乐，我觉得那样特别酷。”他也曾想过在惠比寿或下北泽开一家店，但哥哥更喜欢在高圆寺悠闲度日，所以他最终没有离开高圆寺。现在哥哥已经回到故乡松江，在车站前开了一家古着店，生意非常火爆。“最近美国人也知道日本人的古着热潮了，还会看日本年轻人喜欢的杂志进行研究呢。”所以他会把货以稍高的价格卖给同行。

哥哥回到松江后，组狱先生把古着店改造成了现在这家专卖黑人音乐的唱片行。地板和墙壁都是他亲自装修完成的，外墙上镶嵌着玻璃弹珠，天花板上挂着五颜六色的塑料片和镜球。“也没有什么特别的风格，只是按照自己的想法去做而已。硬要说的话，可能是受到纽约经历的影响。在纽约，大家都会把店铺打造成自己喜欢的样子，以此来表达自我。来这家店的朋友会说‘很有阳三的风格啊’，其实连我自己也不太清楚到底什么是阳三的风格。”

近年来，改造房子成了年轻人中流行的一种生活方式。这种改造绝不是为了添置高档家具，而是使用二手家具，或者自己重新粉刷墙壁等。这也是一种想要表达自己的行为。参观这样的房子，会勾起人们窥探房子主人内心世界的好奇心。

除了独具风格的店铺，高圆寺以前有很多 live house，在 20 世纪 80 年代，常常聚集着一群金发朋克青年，但最近已经很少看到了。组狱先生说，“以前的朋克风格，有不少人只是穿膝盖破洞的牛仔裤耍酷，但最近好像出现了真正在街头生活、践行朋克精神的年轻人。这并不是说他们没有家，而是他们把真正想唱的内容写进了曲子和歌词里。这才是音乐的本质。”不过，在我看来，组狱先生卖掉摩托车，带着微薄的积蓄只身前往纽约的行为也很有街头风格。

在街头生活、在世界游走的生活方式兴起

“不只是为了耍酷”“各种元素的融合”“自我的表达”，这或许就是当下年轻人所追求的生活方式。现代社会的根本价值在于个人自由，每个人都渴望按照自己的方式去生活。然而在现实中，特别是在日本这种以经济发展为中心的社会中，个人的自由往往是通过拥有更多、更昂贵物品的自由实现的，比如拥有家电、汽车、房子、名牌商品，或者学历、名企，甚至漂亮的妻子等。

但是，在获得这种自由的同时，真正意义上的个人自由却受到了束缚。在高度发达的大众消费社会中成长起来的年轻一代，潜意识里已经察觉到了这种矛盾。他们的内心不再满足于单纯的拥有，相反，一种敢于不拥有——不再执着于固定的住所、稳定的工作，而选择在街头生活、在世界游走。在日本，最包容这种生活方式的地方，应该就是下北泽和高圆寺了。

下北泽、高圆寺与纽约、伦敦等城市形成了微妙的共振，就像涩谷、原宿与巴黎、香港、首尔等城市共享着相似的文化情绪。全世界的年轻人正在共享着相同的文化和价值观。

有划痕才更有趣

在下北泽经营杂货店 Brand New Rocket 的隈田宪昭先生去过越南。他说，越南几乎没有汽车，到处都是摩托车。像本田超级幼兽那样的车都属于高档车了。在越南，没有摩托车就像没有腿一样无法生活，买不起新的就买二手的，要是连二手的也买不起，就租一辆车来骑。在日本年轻人中，本田超级幼兽的二手改装车也十分受欢迎。

在越南，与崭新、洁净等现代价值观相反，陈旧、破损、污垢开始具有积极的意义。隈田先生说，“很多商品在越南打包时干净完好，运送到日本后却多了划痕、掉漆，但这样的商品反而成了热销品。”

物品在使用过程中难免会出现磨损和脏污，城市也是如此。像榻榻米店、豆腐店之类的地方，往往能看到店员劳作的身影，这里同时也是他们生活的场所。正是这样鲜活的、为生计奔波的场景吸引着年轻一代的心。如今，高圆寺和下北泽的街区中保留了这种为生计奔忙的烟火气。比如，榻榻米店旁边会开一家杂货店，豆腐店旁边会出现一家唱片行。在这样的旧街道，出现了年轻一代的新事业。这些不是全国连锁的咖啡店或药妆店，而是以个人兴趣和生活为基础延伸出来的店铺。这样的街区构成的不是现代化的、同质的、无菌的“闪耀都市”，而是一座因生活而伤痕累累的“肮脏城市”。但这就是高圆寺和下北泽的魅力所在。

5.3 从跳蚤市场看年轻人的生活哲学

因为兴趣相投而聚在一起的年轻人

我居住在吉祥寺，那里有一个井之头公园。每逢节假日，公园里就会聚集很多带着孩子来玩的父母，非常热闹。从 1998 年开始，这里突然出现了跳蚤市场，参与者多为高中生和 20 多岁的年轻人，他们会在摊位上售卖自己不需要的东西，比如衣服、杂物、CD、杂志等。还有很多年轻人出售自己绘制的插画或者拍摄的照片，也有人售卖手工编织的人偶或者手工制作的帽子。来这个跳蚤市场的并不是居住在吉祥寺周边的年轻人。和我搭话的年轻人分别来自葛饰区、大田区、板桥区等，他们都是乘坐公共交通工具，花了一个多小时才来到这里的。

很早以前，日本就有很多跳蚤市场，它们被视为环保回收再利用的其中一个环节。但是，最近的跳蚤市场感觉有点不一样。如果只是想卖掉不需要的东西，把东西卖给二手商店就可以了，没必要特意搬到跳蚤市场上售卖。所以，这应该不仅是为了赚钱，也不单纯是因为回收意识增强了。或许年轻人期待通过物品的买卖，与陌生人产生交流，找到志同道合的伙伴。跳蚤市场就是这样一种创造轻松邂逅的媒介。

我认为，如果不能正确解读这种跳蚤市场现象，就无法理解年轻人的心理和价值观，也难以把握现代消费社会的状况，但人们似乎很难理解这一点。据我所知，现在年轻人最喜欢的地方就是跳蚤市场，咖啡馆和古着店这种带有跳蚤市场意味的店铺也十分受欢迎。

可惜的是，这种“松散”的交往方式，大人们是无法理解的。成年人总是习惯于以“目的明确”的行为方式聚集在一起——为了工作、为了学习，即使不情愿也要出席。但是，年轻人不会以任何前提条件行动。**他们单纯地因为喜欢而聚在一起，与兴趣相投的人愉快地相处。这就是当代年轻人的跳蚤市场人生观。**

在跳蚤市场中寻找自我、治愈自我

有人认为，跳蚤市场是一种自我表达的方式，但据我观察，实际情况或许并非如此。喜欢跳蚤市场的年轻人，有可能并不是想表达自我，对他们来说，跳蚤市场是一种寻找自我、治愈自我的方式。他们并非因为清楚自己喜欢什么东西才参加跳蚤市场，而是在探索自己喜欢什么的过程中来到这里的。

参加跳蚤市场的年轻人不仅可以展示自己创作的作品，还可以展示自己穿旧的T恤，它承载着有自己参与的历史。他们还可以向顾客解释当初为什么购买这件T恤，喜欢它的哪些地方，等等。在展示物品的时候，他们或许也在确认自己究竟喜欢什么、想要做什么。这种售卖方式是普通商店或百货公司无法做到的。

一边与那些只是闲逛的顾客聊天，一边了解自己原本不知道的事情，这应该也是一种乐趣吧。在等待顾客的时候，一边看书，一边茫然地思考自己的未来，或许也是一种乐趣。所谓跳蚤市场，就是这样一个让时间缓缓流淌的地方，这种感觉有点像是在筑巢，又像是在搭建微景观。就像微景观疗法一样，年轻人通过在一块布上摆放物品来探索自我、治愈自我。

把人生也放到跳蚤市场上，等待能产生共鸣的人到来

参加跳蚤市场的年轻人以自由职业者居多。仔细想想，这些自由职业者像是把自己的人生也跳蚤市场化了。

如果一个人想要推销自己的个性和能力，开拓自己的人生道路，那他就必须结识更有影响力的人，让自己的能力得到认可，并让他人为自己的能力投资。但自由职业者却没有这种想法。他们认为，按照自己的节奏创作作品，将这些作品展示给普通人，并和顾

客愉快地交谈，就已经很幸福了。他们把自己的人生本身放置在跳蚤市场的一块布料上，等待着能与之产生共鸣的人到来。

总是悠闲地工作，悠闲地休息

一个卖插画的女孩告诉我，她的梦想是开一家集画廊、咖啡馆、书店于一体的小店。有一个父母经营花店的男孩说，现在父母身体还算硬朗，所以自己就拍下喜欢的照片，制作成明信片在花店里售卖，将来想开一家可以同时卖明信片和花的咖啡馆。他们并不急于一步登天，而是希望按照自己的节奏，一步步实现理想。他们心中的“店”，并非是以盈利为唯一目的的商业空间，而是一个可以让自己与他人产生连接，让大家可以轻松交流的场所。

大人们会觉得他们“太天真了”，但年轻人可不愿去忍受不天真的人生。不管是天真还是什么，现在的年轻人就是想一点点地实现自己想做的各种事情。他们不会为了其中任何一件事而牺牲其他的事。

年轻人不会牺牲自己想做的事来获得金钱。他们轻视那些为了生活忍气吞声、有想做的事却无法做到的大人，称他们为“大叔”。而对于那些能够自由地做自己想做的事的人，哪怕已经上了年纪，年轻人也不会给他们贴上“大叔”的标签。可见“大叔”不再是一个年龄概念，而是一种对生活早早认输的生活态度。

“大叔”们的理想人生是拼命工作，踏实休息，而年轻人“跳蚤市场式”的人生则是悠闲地工作、悠闲地休息，工作和休闲娱乐之间的界限变得模糊。夸张地说，这是一种超越现代的价值观，如今，将工作、家庭（或个人生活）和休闲娱乐分割开来的生活形态正在被逐渐瓦解。

所谓“干劲”，就是做不想做的事的动力

现在有很多人存够了钱，但因为没有遇到自己心仪的汽车，所以宁愿选择不买。与此相反，过去有很多人即使想买也买不起。相比之下，现在这种情况真是奢侈的烦恼。不过，即使你没有想要的车，也不会有人抱怨你；但如果你说不知道自己想做什么工作，就会招来指责。之所以这样，是因为“不知道自己想做什么工作”经常被当成辞职的理由。实际上，大人们真正想抱怨的是年轻人不愿意工作，当问及他们为什么不工作时，得到的回答是“因为没有想做的事”，于是，大人们会说，年轻人“缺乏干劲”。但是，即使没什么干劲，只要默默坚持，就不会招来怨言，这才是问题的关键所在。

所谓“干劲”，是指去做自己不想做的事的动力。做自己想做的事是不需要干劲的。年轻人想要找到即使没有干劲也能做的想做的事情，但是，从来没有一个时代的人能清楚地知道自己想做什么。在迄今为止的所有时代中，大多数人即使有自己想做的事也无法去做，甚至连“做自己想做的事”的想法都没有。

随着社会变得富裕，人们不再只是为了钱而工作，开始为了做自己想做的事而工作。但由于这样的社会来得太突然，人们开始因为不知道自己想做什么而烦恼。很多人都没有接受过“思考自己想做什么”“寻找自己想做的事”的相关教育。同时，一直以来，也没有人真正进行过职业规划教育，只是按照成绩将学生排名并分配到普通学校、工业学校、商业学校或农业学校等，从来没有人引导他们去思考自己真正想做的事情是什么。

越来越多的年轻人不知道自己想做什么

人们常说，不知道自己想做什么的年轻人越来越多。但是，这个说法是否适合当下的年轻人，值得重新思考。这一说法背后其实隐藏着一个前提，那就是“在经济高速增长期，年轻人很清楚自己想做什么”。但事实真的如此吗？这个前提能被证明吗？大多数劳动者阶层的情况也是这样吗？

准确地说，这个说法应该是“明明有能做自己想做的事的环境，却不知道自己想做什么事的年轻人越来越多”。更准确地说，应该是“过去即使有自己想做的事，很多年轻人也因为经济条件的原因而无法去做，但现在的经济条件允许年轻人去做自己想做的事，他们中的很多人却不知道自己想做什么”。更进一步说，过去，摆脱贫困是劳动的根本意义所在，所以人们根本就没有做自己想做的工作这种想法。即使有这样的想法，在现实中也困难重重。

或者说，年轻人只能在极其有限的选项中选择自己想做的事。当时能有闲情逸致去寻找自己想做的事的，恐怕只有少数中上阶层的公子哥。

当然，即使在经济高速增长期，劳动者阶层中也应该有相当多的人频繁跳槽，但那并不意味着可以去做想做的事，因为如果不马上找到一份固定的工作，就无法维持生计。而且当时的工作岗位有很多，所以几乎不存在自由职业者。虽然以前也有年轻人在有限的条件下寻找自己想做的事，但这并不是多数人的选项。

有一天，我在看 NHK 的《周日美术馆》节目，恰好是一期关于小野洋子的专题。她作为约翰·列侬的伴侣广为人知，但她原本是一位前卫艺术家，一直致力于通过艺术来重新审视女性在社会中的存在。她曾经说过："过去，女性在小时候从来不会被问'你长大后想做什么'，因为答案显而易见，只能成为新娘，嫁给一个男人。"她通过现代艺术，不断向社会发问：女性是什么？难道连思考自己想做什么、想成为什么样的人都不被允许吗？

现在的女性多少会被问"你将来想做什么"了吧？不，就算是男性，又有多少人是在"你将来想成为什么样的人？你想做什么？"这样的教育下长大的呢？很少有家长和老师会在考虑工作内容或者孩子的个人资质后给出建议。这样的社会状况一直持续着，所以不知道自己想做什么的人在不断增多也是理所当然的。

有很多人因为成绩很好进了公司，却不知道自己真正想做什么。年轻人没有思考过自己想做什么，只是一味地为考试做准备，直到 20 岁。而且，很多人虽然没有被要求成为博士或者部长，却被要求当公务员，或者去大企业，又或者进入有发展潜力的行业。正因如此，甚至有人会说“因为在公司做不了自己想做的事，所以才去奥姆真理教”。可见，从孩子小时候就引导他们思考未来的职业规则是多么重要。

中国的“躺平族”来到日本最大的古着街——高圆寺。
没想到，她正要读《孤独社会》！她之所以“躺平”，是因为对现状不满。

优衣库的创始人柳井正先生曾经是有名的“躺平太郎”，在最初就职的公司工作了 9 个月就辞职了。但就是这样的懈怠青年，创造了世界级企业。

PART THREE

第五消费时代的 7 个 S 和 Well-being 的实现

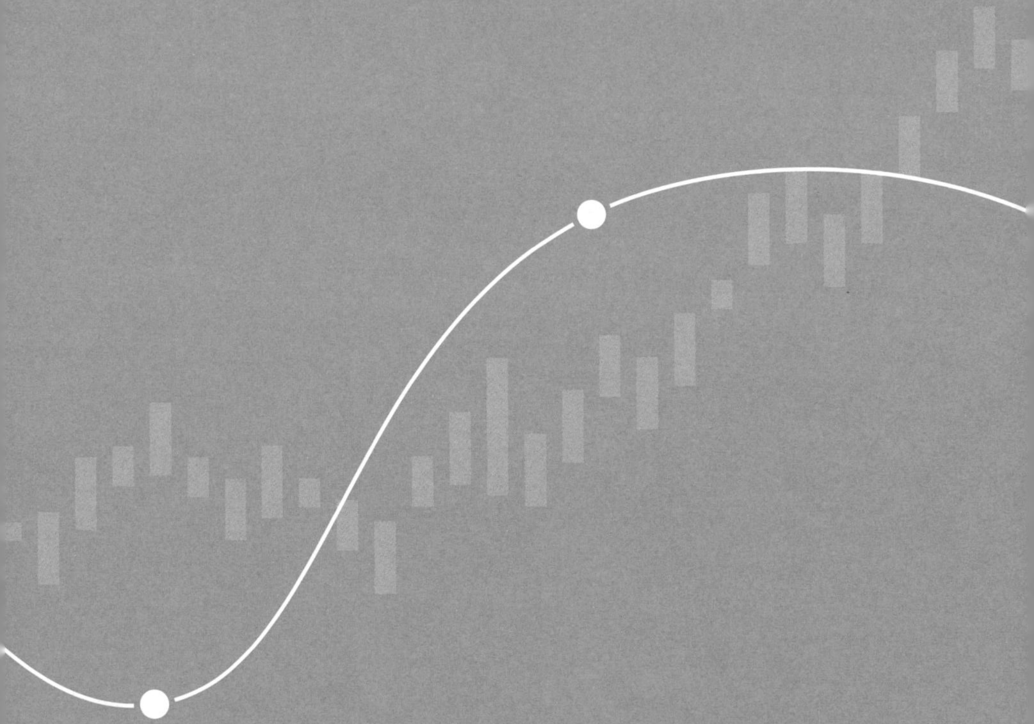

第六章

第五消费时代与Well-being

6.1 何为 Well-being

Well-being 是近年来日本政府和各大企业广泛倡导的理念，它代表一种多维度的理想生活状态，其内涵远超传统意义上的健康与幸福。具体来说，这一概念不仅关注个体的身体健康，更强调心理愉悦，使个体在身体与精神层面都能获得深层次的满足感。与强调“瞬间”幸福的 happiness 不同，Well-being 更注重持续且永恒的幸福感，以及发自内心的平和与安宁。

以去迪士尼乐园游玩为例。“玩得很高兴（うれしさ）”和“玩得很开心（楽しさ）”虽然都表达了喜悦之情，但两者在情感层次和触发机制上存在微妙的差异。“玩得很高兴”通常指的是在体验游乐设施的过程中获得的即时的感官愉悦；而“玩得很开心”则蕴含着更深层的情感共鸣，比如邀请喜欢的人同游迪士尼，看到对方脸上露出久违的笑容，从内心深处涌起一股由衷的喜悦。这种高兴往往源于人际互动中产生的被认可、接纳、理解的感受，是人与人之间情感连接所带来的精神满足。

因此，仅靠华丽耀眼的装饰来营造一个令人愉悦的场所，未必能真正打动人心。要激发出自内心的愉悦感，必须满足人类内心最本质的需求。比如，沐浴在温暖的阳光下，微风轻拂面颊，眼前是充满生机的绿意，耳畔萦绕着柔和的言语，身心都处于宁静治愈的氛围中。真正能够打动人心的场所，往往是通过细腻的感官体验与情感连接，唤醒人们内心深处的宁静与幸福感。

具备 Well-being 特质的商业设施是什么样子的

从商业视角来看，Well-being 不仅关注消费行为本身，更重视分享，追求超越物质层面的幸福与满足。因此，对于企业而言，Well-being 的理念在短期内似乎并不具备直接的商业吸引力。然而，随着越来越多消费者认同并践行这一理念，越来越多的企业也开始关注 Well-being，试图从中挖掘新的商业机会。

在 Well-being 的概念里，人不仅是“消费者”，更是“生活者”。人们关心的不再只是买什么，而是如何更好地生活。越来越多的人不断追问自己：这一天是否充实？这一生是否幸福？消费不再仅仅是经济行为，更是人们构建生活方式、实现自我价值的重要途径。

过去 30 年，消费领域一直在强调场景消费和时间消费。然而，只要涉及消费，企业就难免将人视为单纯的消费者，关注的重点始终是从他们身上获取更多收益。所以，在购物中心里，我们能看到各种零售店铺，也会看到餐饮店、电影院、健身房、游戏厅等。但是，这样的购物中心并不是一个真正意义上的具备 Well-being 特质的商业设施。具备 Well-being 特质的商业设施究竟是什么样子的呢？

首先，它应该是开放、包容的。

以运动场所为例。正如公园为人们提供慢跑、散步、瑜伽、太极拳等免费或低成本活动的场地，商业设施也需要提供类似的空间，营造开放、包容的氛围，使人们在轻松自在的环境中感受运动的美好。

当然，如果照搬这种模式，商家必然难以实现盈利。未来的商业设施会更加灵活和多元化，打破传统空间的界限，将运动、学习、社交与消费融为一体。除了提供开放的运动空间，商业设施还可以像市集一样，主动融入人们平时运动的场所，售卖运动装备和周边商品。此外，运动培训也不会局限在商业设施里，而是可以在各种各样的场地进行。事实上，瑜伽和普拉提培训使用固定场所作为教室、由专属教练进行指导的情况越来越少，由自由教练在全国各地自由选择各种场所来进行教学的情况越来越多。同时，社交媒体的普及也加速了这一趋势，组织或参加这样的活动变得更加容易，因而在商业设施中租下一个固定空间开设教室的必要性大大降低了。

其次，它应该为人们提供舒适自由的休闲场所。

过去，在咖啡店，只需要买一杯咖啡，就可以悠闲地待上两个小时，或聊天或看书；在书店，即使什么都不买，也可以站着看一个小时书；在音像店，顾客可以随意摆弄唱片、试听音乐，还能与朋友、店员畅聊。但如今经济环境趋紧，能够提供这种舒适自由空间的店铺已经寥寥无几。正因如此，人们开始转向更开放的空间：带着饮料去公园，躺在公园的草坪上听音乐。日本东京丰岛区南池袋公园便是如此，在草坪广场的周围开设咖啡馆，人们聚在一起聊天、读书、吃便当，形成了一种全新的社交与休闲方式。

这种商业模式不只是企业的营利性活动，更是市民、政府与企业三方协作的成果。虽然如今企业盈利变得越来越难，但作为消费者，谁都愿意在舒适的环境中花钱。未来企业盈利的前提，就是创造一个令人舒心的场所。只有通过营造愉悦的氛围满足人们深层次的需求，企业才能在竞争激烈的市场中找到新的立足点。

关于这类场所的构建理念，前文提到的“咖啡洗衣店”创办人田中元子在其撰写的书籍《一层革命》中有详尽的阐述。书中特别提到了田中女士受委托所做的一个商业改造案例。快消行业代表企业永旺购物中心在关注到咖啡洗衣店的独特业态后，委托田中女士对位于千叶市绿区的 MaxValu Oyumino（永旺购物中心旗下超市）进行空间改造。为了给那些并非专程来超市购物的客人提供一个自由停留的空间，田中女士在廊下设置了舒适的长椅，无论是单独前来还是一个家庭同往，都可以在此坐下休息，从而促进人与人之间的交流和各种活动的展开。为了真正实现“自由空间”的理念，店员们也不再提供刻板的商业化服务，而是像对待朋友或邻居一样，以随和自然的方式与顾客互动，让商业空间更具温度。

改造后的空间逐渐成为一个多功能的活动场所。比如，商场里英语培训机构的老师会在这里为孩子们朗读英文绘本，当地的舞蹈学校也选择在这里举办舞蹈演出。这种改造不仅赋予了商业空间新的生命力，还使其成为社区交流与文化活动的中心，真正体现了田中女士“一层革命”的核心理念——通过空间设计促进人与人的连接，创造更具人文关怀的消费环境。

6.2 第五消费时代画像

可以预见的是，第五消费时代将在第四消费时代的基础上进一步深化和扩展，呈现出以下几个较为突出的特征。

第一，虚拟化消费规模进一步扩大。

随着 AI 技术的飞速发展，与注重实体商品和人际关系的第四消费时代相比，在第五消费时代，虚拟化消费的规模将进一步扩大。所谓虚拟化消费，包括数字内容和服务，如在线教育、虚拟现实游戏与体验、数字艺术品收藏等；基于 AI 的个性化和定制化服务，如智能健康计划、个性化旅行推荐等；基于区块链技术的数字货币、加密资产投资等，如比特币、以太坊。

第二，生活压力加剧。

受新冠疫情的冲击，全球经济进入深度调整期，经济困难人群数量显著上升，其中低收入群体的经济状况尤为严峻。与此同时，日本经济也面临前所未有的挑战：日元汇率持续走低，物价水平持续攀升，普通民众的生活负担日益加重。

第三，年轻一代更渴望金钱和奢侈品。

10 年前的日本年轻一代，其父母经历过日本经济高速增长期，自己成年后也享受到了泡沫经济的余波，因而对物质生活有比较清晰的认知，并更珍视人与人的连接，对奢侈品保持相对理性的态度。然而，如今 20 多岁的年轻群体成长于持续的经济不景气环境，再加上社交媒体时代物质主义的盛行，导致他们对金钱的追求更为直接，对奢侈品的渴望也愈发强烈。

第四，线上交流成为主流趋势。

在数字化浪潮的推动下，随着智能手机的普及，线上交流已成为主流沟通方式。相较于需要投入大量时间成本和社交精力的面对面沟通，人们更倾向于选择便捷高效的线上互动。特别是在虚拟世界和快消文化的双重影响下，“即时满足”已经成为年轻一代的普遍心理预期。这种特质与智能手机的“即时性”高度契合，使得年轻一代对于通过智能手机进行线上交流的方式展现出天然的适应性和接受度。

第五，虚拟世界和现实世界交融共存。

在《孤独社会》这本书中，我提出了“再人格化、再生活化”和“去人格化、去生活化”的概念。一方面，社会体现出“再人格化、再生活化”的特征，比起物质的丰富性，越来越多的人开始重视人与人之间的连接，重视分享的价值，而非沉浸于虚拟世界带来的短暂满足。在独立商店购物、用自家院子里采摘的梅子腌渍梅干或酿制梅酒、衣服或家具损坏后修复了继续使用等，都是这一特征的体现。另一方面，人工智能等技术飞速发展，正在推动社会的“去人格化、去生活化”。比如，人们不再需要亲自前往商店，只需在手机上轻轻一点，就能轻松购买任何商品并配送到家；不需要去电影院，可以直接在网上看想看的电影。

在第五消费时代，“再人格化、再生活化”的现实世界和“去人格化、再生活化”的虚拟世界这两个看似相互矛盾的趋势将长期共存，前者代表了人们与现实世界的情感连接及生活体验的回归，后者则体现了虚拟化技术对生活方式的深刻影响。但是，绝大多数人都不会完全倾向于某一端，而是在两者之间寻找平衡。这个比例可能是 3∶7，也可能是 7∶3，也可能在两者之间。不过，随着人工智能的迅猛发展，未来虚拟世界在人们生活中的占比可能会越来越高。比如，AI 会自动下订单补充冰箱里的食材，电视新闻将由 AI 播报，汽车也会实现自动驾驶。

6.3 第五消费时代的 7 个 S

基于 Well-being 理念，我认为，第五消费时代将围绕 7 个 S 展开：Slow（慢节奏的）、Small（小规模的）、Sociable（社交性的）、Soft（人性化的）、Sustainable（可持续的）、Sensuous（感性的）、Solution of Social Problems（可以解决社会问题的）。接下来，我会对它们逐一进行说明。

Slow

如今，越来越多的人倾向于花时间慢慢品味高品质的事物，慢餐和慢时尚便是这种趋势的代表。慢餐相对于快餐，强调手工制作、地产地消、有机食品等理念，遵循大自然的四季轮回，倡导健康和可持续的饮食方式。慢时尚则与快时尚相对，重视手工制作、传统技艺及旧衣物的再利用，强调品质与持久性，而非快速更替的潮流。

这种消费模式的转变，意味着人们正从追求快速、廉价、大量的消费模式，逐渐向慢慢品味、仔细感受价值的消费模式过渡，反映了消费者对生活品质的更高追求，以及对可持续生活方式与人文价值的重新审视。

Small

以前人们购物、休闲的首选是聚集大量人流的大型购物中心，如今越来越多的人开始关注家或公司周边小型、舒适的购物和休闲场所。近年来，欧美提出的“步行 15 分钟商圈”理念备受欢迎，日本也深受这一理念的影响。这一理念强调在步行 15 分钟的范围内满足日常生活所需，从而提升便利性与生活质量。前文提到的“咖啡洗衣店”，就是其中的典型代表。

Sociable

社交性是人类社会不可或缺的核心特质。尽管人工智能和自动化技术正在重塑我们的生活方式，许多场景逐渐“无人化”，但人与人之间的真实连接始终是幸福感的重要来源。所以，第五消费时代的商业模式和城市规划仍然需要促进人与人之间的交流和互动。未来的商业与城市规划需要在智能化与人性化之间找到平衡，创造出既便捷又充满人情味的生活环境。

Soft

第五消费时代的商品开发和城市建设规划应当优先考虑人性化设计，而非单纯依赖硬件和技术。具体来说，在商品开发方面，设计应更加注重用户的情感需求与使用体验，而非一味追求技术上的创新。比如，家居用品可以融入更多人性化细节，提升舒适性与实用性；电子产品可以通过技术优化用户体验，使其更加贴近人们的使用习惯。

在城市建设方面，规划应以提升居民的生活质量为核心，而非单纯推动智能化。比如，公共空间的设计应注重人与人的互动，提供更多社交与休闲的场所；交通系统要考虑步行与骑行的便利性，让城市更适宜慢行生活方式。

Sustainable

第五消费时代不仅关注当前的消费需求，更强调不以牺牲未来资源为代价，推动绿色、环保、可持续的生活方式。可持续消费意味着在消费过程中减少资源浪费、降低环境影响，同时鼓励人们做出更负责任的消费选择。比如，购买有机食品或环保材料制成的商品；通过循环利用等方式，延长产品的使用寿命，减少资源消耗与废弃物产生；优先选择本地生产与销售的商品，减少运输过程中的碳排放；等等。

可持续性消费不仅是个人生活方式的转变，更是社会整体价值观的体现。它要求政府、企业与消费者共同努力，通过政策引导、技术创新与行为改变，推动社会向更加绿色、公平与可持续的方向发展。

Sensuous

Sensuous 代表着对五感的全方位满足，它不仅局限于视觉、听觉，还包括无法通过数字程序传递的味觉、触觉、嗅觉等感官体验。在第五消费时代，商品不应仅仅满足消费者的功能性需求，还需要进一步满足消费者的感性需求，触动其情感，激发其感官愉悦。比如，服装不仅要舒适，还要通过设计细节传递个性；家居用品不仅要实用，还要通过色彩、材质、香气等的搭配，营造温馨的氛围。未来的商品开发要更加注重人性化与情感化的设计，致力于消费者五感的满足与愉悦，让每一次消费都成为美好的体验。

Solution of Social Problems

在第五消费时代，商品开发和商业模式不仅需要满足环保和可持续性的要求，还应进一步扩展到解决现有社会问题的层面，积极回应贫困、不平等、健康与教育等社会挑战。比如为老年人开发实用且价格合理的商品，为弱势群体、残障人士提供就业机会，鼓励消费者参与社区活动或公益项目，等等。将社会问题解决融入消费领域，不仅能够提升商品与业态的社会价值，还能推动商业向更加人性化与责任化的方向发展。

作为对庞大而冰冷的城市生活的反思与反抗，越来越多的人开始追求以 7 个 S，即 Slow、Small、Sociable、Soft、Sustainable、Sensuous、Solution of Social Problems 为主题的生活方式，并倾向于选择那些能够实现这些主题的地区与街道作为居住地。这不仅是对传统城市生活模式的反思，也是对更人性化、更具幸福感的生活方式的积极探索。**在第五消费时代，人们将重新定义何为理想的生活空间。**

第七章

实现 Well-being 的行动提案

7.1 打造让人感受到幸福的街区

这一节将探讨多个关于街区打造的案例。为什么选择这么多与打造街区相关的案例呢？因为正是通过这类案例，我们才能洞察日本消费者最深层次的需求。

尽管通过消费获得的物质生活也能带来满足感，但旅行、看电影、约会等非日常消费并不是生活的核心。事实上，消费者真正渴望的，是在稳定的日常生活中获得持续的幸福感。

从政府的角度来看，“社会”是一个抽象且难以捉摸的概念，难以感知。为了让这一虚拟概念具象化，政府必须通过具体的城市建设来向人们展示社会的形态。只有切身体验城市的街道、绿化、公共设施，并感受其中的意义和温度，老百姓才能判断自己所处的社会是不是一个好的社会，以及自己所居住的城市是不是一座好的城市。

因此，我们不能将目光局限于城市中开发了什么样的街道或者建成了什么样的大楼等硬件设施，而更应该关注人们用什么样的方式交流，以及交流的内容是什么。同时，我们也应留意是谁以什么新形式推动了交流，让人们在其中感受到幸福和充实。对于城市而言，这些“软性”的改变才是决定其真正发展方向的关键。

案例 1　立川 GREEN SPRINGS

一个充满活力与人文关怀的多功能空间

日本东京多摩地区的 JR 中央线立川站周边，高楼林立，新建公寓鳞次栉比，单轨电车穿行其间，赋予这片街区强烈的未来感。自 20 世纪 90 年代初启动城市改造工程以来，立川站经过 30 年的精心规划与建设，才发展成如今的模样。车站大楼、百货商场、电影院等设施的聚集，使立川成为中央线沿线最受中学生与年轻人欢迎的街区之一。对于像我这样对立川的记忆还停留在 20 世纪 80 年代的人来说，再次踏足这片区域，简直有一种恍如隔世的感觉。

2020 年，立川在“未来城市”风格的基础上，又建设了一个全新的街区——GREEN SPRINGS。这个融合了工作、休闲、社交的多功能空间，不仅更新了立川的城市风貌，也为第五消费时代的城市开发模式提供了重要启示。

GREEN SPRINGS 是一个集商业、文化、办公为一体的综合再开发项目。过去的城市再开发往往是开发商满怀激情地宣称“建设新城市、新街道”，实际上却只建起了一座座冷漠、单调的高楼，根本没什么人气。几乎每个城市都经历过类似的再开发过程，最终呈现出千篇一律的风格，完全失去了个性和灵魂。相比之下，GREEN SPRINGS 显得独具特色，它不是一个冰冷的商业综合体，而是一个充满活力与人文关怀的空间。GREEN SPRINGS 的成功，不仅是对传统再开发模式的反思，更是对第五消费时代价值观的深刻回应。

与其说是再开发，不如说是打造一个新的街区

说到再开发，过去的主流模式无非是拆除旧街道，建造高层公寓，并在公寓底层引入以连锁店为主的商业设施。但是，这样就足够了吗？我认为，只要看一下 GREEN SPRINGS，就能判断以往的再开发是否真正成功了。

GREEN SPRINGS 的开发商立飞控股通过竞标的形式，向政府购买了一块南北长 400 米、东西宽 100 米，总面积达 3.9 万平方米的旧军事用地。然而，这种地块的开发条件极为严格：政府明确禁止开发住宅项目，同时《航空法》也对建筑高度进行了严格限制。因此，在实际建成的 GREEN SPRINGS 中，除了 11 层的天空酒店外，其他建筑几乎都保持在 3 层左右的高度。据悉，这块容积率高达 500% 的土地，实际开发中仅使用了约 150%，远远低于传统商

业项目的密度。此外，GREEN SPRINGS 没有建造传统的停车场大楼，而是将停车场设置在一楼，避免高层建筑遮挡宝贵的天空、阳光、风和绿色，最大限度地保留开放感与自然环境。

走在 GREEN SPRINGS 的街道上，随处可见形态各异的椅子，既有可移动的轻便座椅，也有用整块木材做成的长椅。无论是来逛街的顾客，还是途经此地的行人，都可以随时坐下休息。GREEN SPRINGS 的建筑理念正是打造“街道中的游廊”，从各建筑物中延伸出来的屋檐就像传统日式房屋的游廊一样，为人们提供遮风挡雨的半开放空间。

被建筑物包围的中庭内，种植了大量绿色植物，种类多达 350 种。与主题公园永远鲜花盛开的景象不同，这里的植物按照自然规律生长，展现了从发芽、开花到枯萎的完整生命周期，让人们能够近距离感受四季更迭，体会自然的韵律。

GREEN SPRINGS 还有一座可容纳 2500 人的音乐厅——立川舞台花园，这是多摩地区规模最大的艺术类建筑之一。通往大厅的台阶上设置了被称为 Cascade 的阶梯瀑布，瀑布的水流缓缓流淌，为整个空间增添了动感与生机。水流的尽头是一个生态池，池中栖息着多种生物，成为孩子们探索自然的乐园[①]。舞台花园和生态池之间有一座宽阔的草坪广场，当舞台花园的所有门完全打开时，音乐厅和广场便融为一体，观众可以在广场观看音乐厅舞台上的表演。

① Cascade 的水流是循环的，与生态池中的水并不相通，确保了生态系统的独立性。

GREEN SPRINGS 沿路都是摆着各种椅子的开放式咖啡馆，即使是雨天，也能欣赏独特的雨中风景。从楼上的阳台可以俯瞰整个街道，据说有公司特意选择在阳台上开会，享受开阔的视野。

Cascade 阶梯瀑布，人们在此休息或者嬉戏。

丰富的生物群，展现着大自然的无限生机。

城市和自然的中间地带

GREEN SPRINGS 在设计与建造过程中，充分体现了对多摩地区本地物产的重视与支持，街道上随处可见售卖本地特色小吃的餐车，以及贩售本地新鲜蔬菜的摊位。

值得一提的是，在 GREEN SPRINGS，从长椅、花架、屋檐到天花板，甚至连建筑物房檐背面都大面积使用了多摩产的木材，总面积达 5200 平方米，充分展现了对本地林业资源的保护和支持。

此外，前文提到的 350 种植物也是精选的多摩地区本地植物，生态池里的多种生物，如鳉鱼、泥鳅、银鳗、河鳗、沼虾等，同样栖息于多摩川流域。这些细节不仅体现了多摩地区的生物多样性，更让 GREEN SPRINGS 的中庭成为街道、广场与自然景观的完美交汇点。漫步其中，仿佛穿梭在都市与自然之间，感受四季流转的美好，令人流连忘返。

在 GREEN SPRINGS，多摩地区的自然与人文元素被巧妙地融合在一起。沿着 Cascade 旁的楼梯拾级而上，向西可以俯瞰昭和纪念公园的广阔绿意；若天气晴好，还能远眺富士山的壮丽。酒店顶层的酒吧旁边是宽 60 米的无边泳池，泳池对面是延伸到昭和纪念公园入口的长廊，看上去宛如一条贯穿自然与都市的中轴线，将视野无限延展。

GREEN SPRINGS 通过精心的设计与布局，将都市的活力与自然风光完美结合，创造出一个既现代又充满生态魅力的独特空间。

在绿意萦绕的环境中，露天摊位、移动餐车，以及如同日式缘侧[①]的长椅等多元设施，为 GREEN SPRINGS 增添了立体的魅力。此外，这里还配备了 Wi-Fi（无线网络）和免费电源，营造出如家中客厅般的温馨与便利。无论是休息、聊天还是工作，这里都是一个理想场所。

①“缘侧”是日本传统房屋中连接室内和庭院的檐廊（屋檐下的架空廊），过去日本人常坐在这里喝茶或做家务。

培养市民的城市自豪感

传统购物中心由于几乎没有窗户，使得自然光线与外部景观被隔绝，顾客的视野被局限在店铺和商品之间，仿佛置身于一个封闭的消费容器。这种单调的体验难免让人感到乏味与厌倦。在这样的空间里，人们的角色似乎被简化为“消费者”，体验也被简化为购买行为，缺乏更深层次的情感连接。

在 GREEN SPRINGS，人的身份远不止于消费者。你可以看到带孩子散步的家庭、遛狗的情侣、分享生活点滴的妈妈们、专注工作的年轻人、从东京 23 区[①]专程赶来欣赏富士山的老奶奶、拍摄 TikTok（海外版抖音）的年轻女孩等形形色色的人，他们以各种各样的目的和方式聚集于此。

GREEN SPRINGS 摒弃了传统商业项目对目标客群年龄、性别的刻板划分，而是创造性地提出“Well-being seeker”（可持续幸福追求者）这一概念，将认同 Well-being 的理念、与 GREEN SPRINGS 世界观产生共鸣的人群定义为核心目标群体。他们超越了传统的“消费者”身份，并不是通过消费行为来体现价值，而是通过互动、分享等多元方式共同构建一个富有生命力的社群空间。这种突破性的理念创新，具有划时代的意义，标志着商业空间开发模式的革命性转变。如果仅从商业利益最大化的角度进行项目规划，

① 东京下辖的 23 个特别区。GREEN SPRINGS 所在的多摩地区属于东京近郊。

是难以孕育出如此具有前瞻性和人文关怀的空间形态的。

作为 GREEN SPRINGS 的开发商，立飞控股的核心业务是仓储租赁，其持有的土地资产总面积达 98 万平方米，其中 GREEN SPRINGS 仅占 3.9 万平方米。可见，该项目并不是立飞控股的主要盈利来源，而是作为一项战略性城市再开发项目，提升立川整体的“城市格调”与人文价值。该项目不仅为当地居民提供了舒适的生活体验，更激发了他们的城市认同感与自豪感。

GREEN SPRINGS 成功地证明了，在确保经济效益的同时，通过精心规划与设计，完全能够创造出既提升城市形象，又增进市民幸福感的优质公共空间，实现商业价值与社会价值的和谐统一。

对天空的执着

“连接天空、大地和人的 Well-being 小镇”是 GREEN SPRINGS 的核心开发理念。这一独特理念的诞生，与开发商立飞控股的历史渊源密不可分。立飞控股的前身是立川飞机株式会社，在“二战”前是一家飞机制造公司。这样的背景，使其对“天空”这一元素有着特殊的情怀。开发商深刻认识到，虽然高层建筑能俯瞰天空、远眺美景，但这种体验往往局限于个人住宅或办公空间，无法形成有共享价值的公共场域。

GREEN SPRINGS 通过创新性的街区设计，重新定义了“天空”的归属——它不再是工作或居住于此的人们的专属，而是所有到访者都能享受到的公共资源。GREEN SPRINGS 具有强烈的

Placemaking（营造公共空间）意识，更注重创造开放、包容的公共空间，而非单纯的消费空间或私人空间。

此外，GREEN SPRINGS 的街道规划打破了传统的直线相交模式，采用独特的 X 形交错设计。据说这一灵感也源自开发商的航空制造背景，同时考虑到了《航空法》对建筑高度的限制范围。绿意盎然的植被使 X 形交错的街道若隐若现，而 X 形街道与直线街道的交错布局，又形成了一种有趣的视觉对比，这种独特的设计趣味令人感到新奇。

GREEN SPRINGS 的规划设计还充分考虑了自然光线与空间的和谐关系，南北延伸的广场与东西走向的建筑群形成巧妙的空间布局。这一设计有效避免了朝阳和夕阳的直射，丰富的绿植也构成了天然的遮阳系统，让人们感受到更加柔和、舒适的阳光。

X 形交错的街道。

《建筑模式语言》的应用

为了充分利用这片难得的广阔天空，GREEN SPRINGS 通过创新的建筑设计，将室内外空间完美融合。所有店铺均采用面向街道的落地玻璃窗设计，不仅为顾客提供了欣赏街景的绝佳视角，也能让外面的行人清晰地看到店铺内的场景和装饰。这种双向的视觉互动十分有趣。而且，在阳光明媚的日子里，你可以看到自然光线和茂密绿植的交相辉映；在雨天，你可以透过玻璃窗观赏撑着伞匆匆赶路的行人。这种设计让整个街区成为一个能够感受到天气变幻、时间流转和四季更迭的独特空间。

GREEN SPRINGS 的空间设计理念与著名建筑师克里斯托弗·亚历山大在其著作《建筑模式语言》[①] 中提出的“敞开街道”理论不谋而合。亚历山大还建议商家在设计时应打破刻板布局，比如开放式咖啡店摒弃传统的整齐划一的桌椅布局，精心挑选风格迥异、造型多样的桌椅，创造出既舒适又富有视觉趣味的社交空间。

《建筑模式语言》这本书中还提出了许多经典空间模式，如“露天摊位或咖啡馆”“阳光充足的地方”“门口的长椅”“有树的地方”“随处可见的老人”“半私密的工作空间”“可以被抚摸的花”“柔和的室内光线”“小型公共广场”“可以坐的台阶”“可以俯瞰街道的阳台”等，GREEN SPRINGS 将它们进行了创造性的转化

① [美] C. 亚历山大等，《建筑模式语言》，王昕度、周序鸿译，知识产权出版社 2002 年版。

与整合，构建出一个充满活力、富有人文温度的城市空间。

摒弃连锁店，甄选个性化店铺

GREEN SPRINGS 在商户选择上，刻意规避了大型连锁品牌的入驻。这一决策与项目所处的商业环境密切相关：立川车站周边已经聚集了伊势丹、高岛屋、宜家、Granduo、LaLaport 等大型商业体，从国际品牌到本土连锁，从餐饮到零售，各品牌已经形成完整的商业生态。基于此，GREEN SPRINGS 另辟蹊径，选择了能够与 Well-being 理念产生深度共鸣的个性化店铺。我居住的杉并区西荻洼站附近原本有一家好吃又精致的小酒馆，后来就搬到了 GREEN SPRINGS。

GREEN SPRINGS 汇聚了众多具有地方特色的店铺，与标准化、同质化的连锁品牌相比，这些充满地域特色与个性的店铺更能吸引像我这样寻求独特体验的消费者。

在城市商业发展中，连锁品牌的普及确实为消费者提供了便利性和一致性体验，让消费者无论身处何地，都能享受到相似的商品和服务。然而，这种标准化模式的另一面，是难以激发居民对本地的认同感和自豪感。GREEN SPRINGS 将目标群体定位为 Well-being seeker，在招商过程中，也会更加注重甄选能够提升城市格调、彰显地域特色的个性化店铺。这些店铺不仅仅是商业场所，更是城市文化的载体和市民自豪感的源泉。

案例 2 下北线路街 BONUS TRACK

具有下北泽风格的街区

下北线路街是以小田急电铁株式会社为主体进行的再开发项目，该项目以“Be You（做自己）”为核心理念，旨在加强与本地居民的互动，展示下北泽独特的生活气息，延续其独特魅力。在这一项目中，BONUS TRACK 是很重要的一部分。它并非通过拆除重建的方式进行千篇一律的再开发，而是注重保留街道的历史与个性，拒绝引入连锁店，从而实现了独特的开发模式。

BONUS TRACK 位于小田急线沿线，从下北泽站出站后，向世田谷代田站方向步行五六分钟即可到达。小田急线从世田谷代田站经下北泽站到东北泽站的部分被改为地下线后，其地上部分被开发出来，成为下北线路街的一部分。

2024 年 4 月开业的 BONUS TRACK，建筑风格融合了老式木造房屋和公寓的独特韵味，其核心理念是“大家共同使用、共同培育的新空间与新城市”。

近年来，下北泽地区租金高涨，导致大量具有独特个性的年轻租户无法负担高昂房租，使这片区域逐渐失去了昔日独立商店聚集的特色。为了应对这一挑战，BONUS TRACK 再开发项目的设计团队 Tusbame Architecture 积极与小田急电铁展开合作，对这个街区进行了重新设计。设计团队深入研究了木造密集地区商业街的成功经验，将下北泽特有的嘈杂与自由氛围融入 BONUS TRACK，为街区注入新的活力。

在这片精心规划的商业街区，10 家店铺错落有致地分布在沿街的两层建筑中，每家平均面积约为 33 平方米，月租金仅 15 万日元。在东京这样一个寸土寸金的繁华都市，尤其是热门商业区，如此亲民的租金对于独立商家而言颇有吸引力。值得一提的是，这些

BONUS TRACK 聚集了众多有个性的店铺和人，非常热闹。

BONUS TRACK 的东侧如公园一般舒适。

店铺不仅限于商业用途，二层还特别设计了商住两用的空间，旨在吸引那些有趣的个人店铺入驻。这里汇聚了风格各异的音像店、以发酵商品为主的商品集合店、风味独特的饮食店、在下北泽深耕多年的独立书店 B&B、充满创意的联合办公空间，等等。

尽管这是一个商业街区，但它的布局却打破了传统店铺一字排开的单调模式，而是像代官山集合住宅 Hillside Terrace 一样精巧布局，将店铺与绿植、休息区巧妙融合。漫步其间，能感受到一种难得的舒适与惬意。

在 BONUS TRACK 靠近世田谷代田车站一侧，还坐落着宁静雅致的温泉旅馆“由缘别邸代田”，以及东京农业大学世田谷校区和世田谷代田仁慈保幼园等教育机构。它们与商业街区相辅相成，使这片区域不仅具备完善的商业配套，更融合了教育、文化与生活，营造出一个兼具都市便利性与人文底蕴的独特街区。

摒弃千篇一律、缺乏个性的店铺

在 BONUS TRACK 对面，从下北泽站延伸至东北泽站的下北线路街，聚集了一系列风格独特的商业设施，如商业空间 reload、展现当地艺术与文化的酒店 MUSTARD，以及多功能娱乐空间 ADRIFT。值得一提的是，relord 的店铺构成打破了传统商业街的连锁店模式，汇聚了来自下北泽、三轩茶屋等世田谷区的店铺，以及代官山、原宿、中目黑等东京各大潮流地标的新店入驻。此外，许多原本专注于线上业务的品牌也选择在这里开设首家实体店铺。在这里，你几乎看不到那些遍地开花的连锁店。每一家店都独具特色，为街区注入了新鲜活力。

“我们希望避开那些千篇一律、缺乏个性的店铺。在这里，我们特意聚集了那些让人一看就会产生‘这是什么店？它是做什么的？为什么如此吸引人？’的好奇心，甚至从某种角度来说有点难以理解的店铺。”负责下北线路街开发的小田急电铁区域事业创造部代理课长向井隆昭说。

确实，这里不仅吸引了下北泽著名的茶馆“下北茶苑大山”这样的本地老店入驻，还吸引了涩谷区樱丘的古着店这样具有鲜明风格的店铺，增强了下北泽作为古着街的独特气质。MUSTARD 酒店也借此契机，将下北泽作为音乐街的特色融入其中，住客可以在前台租借黑胶唱片，在房间里享受音乐的魅力。这一切都充分体现了开发者对下北泽风格的坚持与传承。

与此同时，开发商也敏锐地捕捉到了东北泽的地域性。

“东北泽和下北泽略有不同。因为紧邻代代木上原[①]等高档住宅区，东北泽的整体氛围更显高雅与内敛。为了契合这种环境，同时满足对新信息高度敏感的居民需求，我们精心挑选了一些即使出现在青山或代官山这样的时尚地标也毫不违和的时尚店铺，兼具个性

① 代代木以日本的外国文化与时尚发源地形象而深入人心。除此之外，这里还有一条充满历史韵味的古宅街区，虽然东京类似的街道并不少见，但代代木以其独特的氛围与活力给人耳目一新的感受。这里也因此吸引了众多走在时代前沿的著名企业家与明星定居。

和新潮，进一步提升了街区的吸引力与独特性。”向井隆昭解释道。

比如，OGAWA COFFEE LABORATORY 是一家体验型咖啡店，在这里，顾客可以使用咖啡师推荐的器具，从咖啡豆的烘焙到咖啡的萃取，全程亲手操作，感受咖啡制作的每一个细节；APFR TOKYO 是一家香氛品牌店，在其自有工厂中，从香氛的调配、生产到包装，所有工序均采用手工制作，顾客可以根据个人喜好定制专属香型。这条街区入驻的大部分店铺都不局限于提供现成的产品，而是注重为顾客创造独特的体验，让购物过程成为一场充满互动与乐趣的探索之旅。

此外，在商业空间 relord 附近，清晨时常能看到遛狗的居民。“很多人从代代木公园一路散步到这里，带着狗狗在酒店一楼的咖啡馆悠闲地喝咖啡。”向井隆昭补充道，“同时，relord 中的瑜伽工作室，以及可以作为跑步路线的下北泽街道，也让人们自然而然地融入街区，参与相关活动。”

虽然住宅区商业化导致下北泽的植被减少了，但商业空间 relord 种植了大量绿植，形成了舒适的街道。

虽然是两层建筑，但构造很立体，入驻的商户也十分有个性。

随着车站周边居民和到访者纷纷走上街道，整个街区焕发出勃勃生机。受新冠疫情影响，一些商户也倾向于从市中心的店铺迁至住宅区附近开店。原本东北泽站周边店铺较少，随着这条街区的建成，附近也陆续出现了新的咖啡馆和日式餐厅，既丰富了街区的商业生态，也为居民和到访者提供了更多选择与便利。

与传统的车站大楼或购物中心不同，这种街区开发模式并没有把顾客封闭在一个巨大的箱子里，而是在下北泽的城市肌理中重新创造出一个更具特色的新空间。它不仅进一步强化了下北泽的独特气质，还为聚集于此的人们提供多种多样的活动体验。这种再开发如同一台充满动力的引擎，推动着街区焕发新生。

案例 3　水中小酒馆

一桥大学毕业后开小酒馆的女生

尽管小酒馆并非传统意义上的商业设施，但从为街区提供栖身之地、丰富休闲娱乐生活的角度来看，它无疑是最受关注的存在。实际上，近 10 年来，越来越多的年轻女性对经营小酒馆（而不是咖啡馆）产生了浓厚兴趣，甚至梦想成为酒馆老板娘。

水中小酒馆于 2022 年 4 月在东京都国立市谷保站附近开业，其老板娘是刚从一桥大学社会学系毕业的坂根千里。40 年前，我做梦也想不到，和我毕业于同一所大学的女性会选择成为一家小酒馆的老板娘。

“水中”原本是一家名为“节子”的创办于昭和时代的小酒馆，坂根千里曾在这里当老板娘的副手。

我和坂根大约在两年前初次见面，当时她似乎处于寻找自我发展方向的阶段，我建议她可以去酒馆打工。之所以会提出这样的建议，是因为我认为与形形色色人相遇对人生至关重要，而小酒馆无疑是实现这一目标的最佳场所。结果她说：“其实我昨天就开始工作了。”得知她工作的地方就是酒吧时，我感到非常惊讶，因为她已经开始了这份与她未来目标紧密相关的工作。

原来，“节子”的老板娘因为年事已高，曾考虑关掉这家店。后来她发现在店里打工的坂根很适合经营小酒馆，于是萌生了将店铺托付给她的想法。坂根也意识到，在酒馆打工不仅可以缓解自己的压力，还能拓宽视野，继承这家酒吧不是没有可能。因此，虽然当时还是在读大学生，但她已经做好了继承小酒馆“节子”的准备。为了说服持反对意见的父母，她还精心制作了一份详尽的商业计划书。正是这份执着与远见，最终促成了小酒馆“水中”的诞生。

想创造与社会相连的场所

坂根对小酒馆的改造可谓独具匠心。原本需要下到半地下才能进入的沉重大门，被她替换成了玻璃门。这样的改动减少了初次到访者的陌生感，即使不是常客，也能轻松进入店内。

在店里，店员和客人都以 20 多岁的年轻男女为主，其中也不乏“节子”时代的常客。令人意外的是，在年轻的客人中，竟然还有一位正在以我写的《重新思考：快速风土化的日本》一书为资料撰写硕士论文的女学生，这让我很吃惊。

过去很长一段时间里，我一直认为郊区的夜晚需要小酒馆作为人与人之间连接和娱乐的场所，因而一直提倡建立“郊区小酒馆网络”。“水中”的出现，让我看到了它成为这一网络核心的潜力。它并非传统意义上女性为女性服务的小酒馆，更不是女性为男性服务的地方，而是一个年轻男女聚集的空间，甚至有可能颠覆传统概念，成为一个举办知识沙龙的独特场所。我有时会想象，这里也许还会成为父母们交流育儿知识的聚集地。

坂根的目标是“打造深受当地居民喜爱的传统社交场所的同时，让年轻人和初次体验酒馆的人也能在忐忑不安的好奇中融入其中”。这样的想法源自她目睹同年级的女生在求职过程中屡屡受挫，许多人因此逐渐消沉甚至抑郁。尽管表面上看起来一切正常，情绪未曾外露，但她们回到家中后常常独自闷闷不乐，无处诉说心声。所以，坂根想为这样的女性创造一个可以顺路坐坐、放松心情的地方。

坂根自己也经历过类似的困境，正是酒馆“拯救”了她。酒馆里有老板娘和常客的陪伴，可以一边聊着无关紧要的琐事，一边将烦恼抛在脑后。坂根认为，不仅是年轻女性，所有在家里闷闷不乐的人都需要一个与社会相连的场所，让他们找到归属感与支持。

我想要的东西是最简单的

在探索如何经营好小酒馆的过程中，坂根的文章展现了她独特的洞察。下面摘录一部分我在小酒馆看到的坂根所写的文章片段。

使用智能手机上的各种健康类、心理疗愈类 App（应用程序）时，我们最初可能会有“对，就是这个，我想要的就是这个！”这种如获至宝的喜悦感，并迫不及待地开始各种尝试，仿佛找到了强大的工具，可以帮助我们分析健康趋势或提升自我。接下来，通过数据分析，App 会根据我们的需求推荐个性化内容。此外，还有那种具备冥想引导功能的 App，通过写日记的方式分析我们一个月的情绪波动，并不断优化“对我来说很舒服”的对话方式……但没过多久，我们便会意识到：“这种单向输出的 App 服务，在那些情绪低落的孤独夜晚，究竟能起到什么作用？”最终，一个月后，我放弃了使用其中任何一项服务。

在 App 的服务提供者眼里，我们是被精准地分类的。基于我们输入的个人数据，服务提供者会问：“你需要这个吧？”这种被强加的感觉，很多人应该都能察觉到。所以，我常常会思考：“我们这么卖力地输入个人信息，服务提供者声称找到了最适合我们的东西，真的是这样吗？那些推荐给我们的东西，真的是最适合我们的吗？”

其实，我想要的东西很简单。我想要的并不是那些能做出所谓“最恰当回应”的人，而是一个能够让我自己寻找答案的地方。正因如此，我放弃了各种 App，并逐渐意识到，依赖技术解决问题简直是一种幻想。

坂根坚信，真正能够创造价值的，并非那些在全国乃至全世界普及的 App，而或许是只有十几个吧台座位的小酒馆。这里不需要数字技术，也不需要模拟人情味，仅仅是几个人聚在一起喝酒聊天，让烦恼随风而去。

像这样扎根于各地、充满温度的小型娱乐场所，在第五消费时代会越来越被需要。它们不仅为人们提供了真实的连接与共鸣，也将成为对抗数字化孤独的重要据点。

年轻女性也能轻松进入的像咖啡馆一样的酒馆。

大学毕业后成为酒馆老板娘的坂根千里。

案例 4 天空和风西新井街区

足立区新落成的购物中心

在我看来，当今日本建筑界最活跃的建筑师非永山祐子莫属。从迪拜世界博览会日本馆到东京新宿东急歌舞伎町塔等大规模建筑，再到众多百货商场、时装精品店和购物中心，永山祐子在多个领域都留下了令人瞩目的作品。

与永山祐子同为 20 世纪 70 年代出生的建筑师们，相较于关注建筑作品本身，更多的是致力于追求建筑与街道、地域之间的联系，强调以连接与交流为核心的设计理念。而永山祐子却擅长设计那些“闪闪发光”的建筑，在当今实属罕见。她这种独特的设计能力，在当代建筑界中显得尤为珍贵。

由永山设计的购物中心于 2022 年在东京足立区落成。当时，我有幸对永山祐子进行了专访。足立区作为东京 23 区中经济相对落后的区域，长期以来形象欠佳。这个项目的开发商是在板桥区经营不动产的 Livlan 股份有限公司。Livlan 以其独具匠心的开发项目而闻名，比如曾经打造了名为“博物馆”的 24 小时可演奏乐器的公寓。此外，Livlan 还开发了 2000 多套以生态为核心理念的公寓“生态别墅系列”。其中，与以生态住宅设计著称的 teamnet 株式会社合作打造的“松荫生态村”尤为知名。遗憾的是，Livlan 此前在商业设施领域尚未取得显著的成功案例。

感受天空，感受微风，传递温度，展现笑容

这座购物中心名为“天空和风西新井”（ソラトカゼト西新井），两层建筑，占地面积 893.2 平方米，总建筑面积 1164.2 平方米。在西新井地区，无论是小店还是大型商场都不在少数，它究竟要怎么做才能生存下来呢?

实际上，这里并不是传统意义上的购物中心。一楼虽然设有生鲜食品店，但它旁边是一家药店，药店旁边则是一家面包店；二楼分布着儿科医院、摄影工作室、美容室、美甲沙龙等。可以说，这是一个规模紧凑、功能多元的小型商业空间，也像一个融合了生活服务与休闲体验的社区中心。这种独特的设计理念，或许正是它在竞争激烈的市场中脱颖而出的关键。

既复古又兼具时尚设计的商店街。

购物中心正前方的道路旁是一排精心修剪过的樱花树，还设有自行车专用车道。公寓街区与公园相映成趣，绿树成荫，环境宜人。“天空和风”的命名源自“感受天空，感受微风，传递温度，展现笑容”的美好愿望。在这样的环境中，“天空和风”这个名字显得格外贴切。以这样反传统的方式命名，确实显得别具一格——它不仅打破常规，更深刻反映了当今时代的特点——注重情感连接、自然体验与人际互动。

空间开阔、通风良好、让人感受到某种连接的场所

据 Livlan 的项目负责人宫本隆雄介绍，这个商业设施的目标是打造舒适的商业空间。他表示：“如今购物中心太多了，消费者早已对此感到厌倦。无论走进哪家购物中心，映入眼帘的都是光滑发亮的地面。孩子们在这样的环境中成长，未来会变成什么样呢？这让我感到一丝不安。”

宫本先生希望让西新井呈现出以前没有的时尚感，但他也明白，这里并不适合代官山那种刻意营造的氛围。他坦言：“我想做的不是那种与街道隔绝、把客人封闭起来的购物中心，而是能与街道产生连接、融入社区的空间。如今这个时代，人们被各种各样的限制所束缚，身心俱疲。所以，我希望在这里打造一个空间开阔、通风良好、让人感受到某种连接的场所。”

像雁木一样的地方

宫本先生对 Soup Stock 自由之丘店的店铺设计情有独钟，所以他特别指定该店的设计师永山祐子来担任新购物中心的设计者。永山祐子在控制视线、风和光线的基础上，通过巧妙的剖面式设计，创造了独特的空间体验。她没有采用传统的将购物中心用墙壁围起来、把通道置于中间的设计方式，而是充分利用狭长的土地，设计了从外面的街道直接进入店铺的路面式布局，营造出一种宛如商业街般的风景。

永山祐子还精心规划了街道和卖场之间的中间区域。一层的中间区域采用了斜坡屋顶，屋檐向外延伸，形成了宽敞的空间。打开木框玻璃门往店内走，有约 1.5 米的空间既不属于店内也不属于店外，而是一个介于两者之间的过渡空间，模糊了室内和室外的界限。此外，生鲜食品店、药店和面包店之间的隔板也采用玻璃材质，顾客可以直接看到隔壁店铺。这打破了传统路面店的孤立感，营造出一种店铺之间相互连接的氛围，增添了整个空间的趣味性。

延伸的屋檐设计让我不禁联想到雪国的“雁木”，我出生于以雁木闻名的新潟县上越市高田城，对雁木再熟悉不过。所谓雁木，用现在流行的话来说，就是游廊，即木造店铺将属于私有土地的店门口区域与街道相连，并将房檐延伸，方便人们雨雪天气在房檐下通行。在天空和风西新井，每家店铺都不是完全独立的，而是通过这种延伸的屋檐彼此连接，人们可以轻松地走进通风良好、视野开阔的店铺，感受温馨的社区氛围。

日本传统房屋设计“雁木”。

案例 5 国誉共享住宅

国誉也开始为共享型生活方式提案

我对“共享”这一概念的思考可以追溯到 2001 年。在日本博报堂（世界排名前十的广告公司）研究开发局 2002 年 2 月刊上，我曾撰写了一篇以“共享”为主题的文章。但是，当时我意识到，关于共享型消费和共享社会的讨论及相关书籍的发布时机尚未成熟，因此决定将这个话题暂时搁置。

2010 年，我读到一本介绍山羊房地产（专注于共享住房的综合型中介）的书籍《东京共享生活》，确信“共享”话题终于浮出水面了。于是，我在 2011 年出版了《为了接下来的日本，我们来说说共享》。这本书和之后的《第四消费时代》一书被许多共享房屋行业、房屋改造行业的建筑师及房地产从业者广泛阅读，在当时 30 多岁的年轻人中也十分受欢迎。

在那个时期，日本尚未有任何大企业涉足与“共享”相关的产业。打造共享住宅的主要是一些小公司或者年轻的房地产经营者。共享厨房的运营者也多为类似 NPO（非营利组织）的市民公益团体或小公司。我其实非常期待大企业能够参与到共享事业中来，利用其资源与影响力打造相关场地，推动这一理念的普及。

在众多大企业仍持观望态度时，国誉率先迈出了重要一步。作为一家以文具、办公器材和办公家具制造为主营业务的企业，国誉深知在办公室工作本身就需要共享和协作。近年来，越来越多公司选择在共享办公空间中工作，这种趋势进一步推进了共享型工作方式的发展。共享型工作方式不仅改变了职场文化，也改变了人们的居住方式价值观。

国誉设计了一种全新的租赁住宅模式，将酒吧、夜店、快闪店等多元业态融入其中，旨在打造一个充满活力的社区空间。这个项目名为 THE CAMPUS FLATS TOGOSHI，位于东急大井町线户越公园站步行约 3 分钟的地方。这里原本是国誉的单身宿舍，经过大规模改建后焕然一新。在成为国誉的单身宿舍之前，它曾是其他公司的女性员工宿舍。

这个项目共有 39 个房间，虽然并非真正意义上的共享住宅，却融入了许多共享住宅的元素。

所有房间均为开放式一居室，但面积大小各异，从 11.7 平方米到 24.8 平方米不等。每月租金包含物业费和水电费，价格区间为 9.7 万日元到 17.35 万日元①。此外，项目还提供了可租赁的 6.7 平方米的迷你房间和 11.8 平方米的客厅。

房间内配备了床、台灯等基本家具，软装选择的是国誉集团旗下 ACTUS 的特别品牌 good eighty%的产品。每个房间都配备了洗脸池，但部分房间没有独立的洗手间和浴室，住户需要使用公共洗手间和浴室，公共浴室还可以蒸桑拿。此外，所有房间都没有厨房和洗衣机，住户可以通过共享厨房和洗衣房解决做饭、洗衣服的问题。

地下一层原本是为单身宿舍配备的食堂，经过重新装修，成为可以用于厨房、健身房、酒吧、直播间等的多用途工作室。此外，这里还配备了美容床，为从事美容相关工作的住户提供了便利的场地。一楼的酒吧也是工作室的一部分，还取得了餐饮经营许可证。

一层临街还有一家隶属于国誉集团的意式比萨餐厅。这家餐厅不仅为住户提供餐饮服务，而且对外开放。所以住户不仅可以与同一栋楼的邻居互动，还能通过餐厅与外部人群建立联系，拓展社交圈。

① 按照 2025 年 3 月汇率，约为 4700 元到 8400 元。

左上：可以放两张床的宽敞房间。　中上：可以直播的工作室。
右上：操作台完备的美容工作室。　左下：面积比较小的房间。
右下：取得餐饮经营许可证的酒吧。

THE CAMPUS FLATS TOGOSHI 还面向街区开放，充分考虑了多元化的使用方式，特别为快闪店或其他有趣活动预留了场地。在开业之初，这里就举办了一系列精彩的路演活动，如“可以体验新感觉的疗愈”“让身体归零！筋膜&锻炼”“体验艺术×食欲的秋天，成人曲奇制作体验”等。

据介绍，这里的 39 间房已经全部出租，租户男女比例约为 6∶4。有趣的是，大部分租户此前并没有在共享房屋居住的经验。他们租房的目的也不限于日常居住，还包括将其作为出差时的替代住宿、与商务合作伙伴共同租用的小型办公室，或者自己的另一个住所，等等。

一层临街的意式披萨餐厅。

租户的行业背景也相当多元，不仅有从事创造性工作的人，还有在大企业工作的普通商务人士和自由职业者，年龄从 20 岁到 50 岁不等。很多人因为长期专注于自己的工作，思维和视野逐渐变得局限，因此选择了能够与各种各样的人相遇的 THE CAMPUS FLATS TOGOSHI。更有趣的是，有些人甚至在房间的门上贴上了自我介绍的贴纸。显然，他们选择居住在这里，是希望能够建立起和不同人群的连接和交流。

开拓租赁住宅事业，实现企业价值

那么，国誉为何决定涉足租赁住宅领域呢？国誉经营企划本部创新中心的荒川千晶女士给出了这样的回答：

我们公司在 2021 年 2 月制定了长期的企业愿景——CCC2030，计划到 2030 年实现 5000 亿日元的销售额。为了完成这一愿景，我们面临的最大课题就是如何将国誉打造成一家可持续性成长且开展多元化业务的企业。众所周知，国誉是一家办公用品制造商，但随着人口减少，只依靠现有业务，销售额的萎缩是不可避免的。

我们还要努力践行为响应自律协动社会[①]而提出的企业价值宣言——令人心潮澎湃的未来工作和生活。近年来，随着工作和生活平衡理念的普及，工作方式和生活方式朝着多样化的方向发展，工作和生活的界限也变得越来越模糊。一直强调在办公室中工作的国誉，希望以工作、生活为核心，对生活价值提案，对未来提案，提前帮人们预知未来趋势。基于以上因素，我们决定打造 THE CAMPUS FLATS TOGOSHI 项目。从 2021 年开始，我们将“工作和生活融合”作为新事业进行探索，而新冠疫情的影响加速推进了这方面的工作。

①这一概念由国誉提出，“自律协作社会”指尊重多元价值观，兼顾自我实现和利他，人人都能充满活力地工作、学习、生活，并能建立广泛连接的社会。

其他大企业也在进行一些实验性业务，但通常会选择自由之丘、二子玉川、吉祥寺等人气街区作为试点。国誉却选择了户越公园站这样一个相对比较朴素的街区，这不仅是因为这里恰好有一个单身宿舍，更是经过深思熟虑的战略选择。如果仅仅是为了提升企业形象，国誉完全可以选择更加时尚的街区。然而，如果目标是打造全新的生活方式，户越公园站这种富有生活气息的街区无疑是最合适的选择。我在这里经常看到附近的店铺关门歇业，因此非常期待 THE CAMPUS FLATS TOGOSHI 的出现能够带来一些积极的变化。

过去，无论哪里的商业街都能看到两三家文具店，人们习惯于去店里购买文具。如今，大家更倾向于去大型百货店或网上购买，文具店逐渐成为被时代淘汰的产业。商业街的萧条也正是出于这个原因。在这样的背景下，国誉这种全新的商业模式无疑令人耳目一新。希望未来能有更多大企业像国誉一样，勇于进行新商业模式的探索和挑战。

案例 6 外国人的据点——三鹰 ASIANS

如果不和这些外国人一起工作就开不了店

在东京武藏野市吉祥寺的超人气打卡地“Harmonica 横丁”（口琴街）经营着 16 家店的企业 VIC 对旗下位于三鹰的餐厅“Harmonica 三鹰”进行了大规模改造，并于 2023 年 3 月将其更名为“三鹰

ASIANS 集合了亚洲丰富多样的菜肴。

ASIANS 的外观是由隈研吾建筑都市设计事务所设计的。

开业典礼上，来自越南的舞蹈团在进行表演。

ASIANS”（以下简称 ASIANS）重新开业。

ASIANS 以“亚洲的小型百货店”为理念，提供亚洲各国菜肴，并出售制作亚洲菜肴所需的各种肉类、蔬菜、调料等。除此之外，这里还在午餐时段提供每位 500 日元的自助餐，酒水也可以按成本价畅饮。除一名日本人外，ASIANS 的其余员工均来自外国，包括越南、尼泊尔、中国、韩国等，顾客在享受美食的同时，也能进行多元文化的交流。

VIC 的董事长是跨界艺术家手塚一郎先生。打造这样的店确实很有手塚先生的风格。他曾这样说道：“我一直对六本木新城那类商业项目持保留态度。仅仅将世界名牌堆砌在一起，就算是打造街区了吗？这样的想法是行不通的。ASIANS 的规模虽然和吉祥寺的店不同，但本质是一样的。我并不是把属于吉祥寺的东西直接搬到三鹰，尽管目前生意还不算火爆，但我依然认为开店不能只是随意拼凑一些元素，我多次问过自己，内心深处确定不变的东西究竟是什么？”

他还说道：“我的公司中有六七十名员工都是外国人，我已经与他们共事 10 年了。现在如果没有他们，我真的什么都做不了。所以，我唯一能做的，就是和他们建立良好的关系，一起努力工作。”

逐渐增多的在日外籍劳动者

日本法务省统计数据显示，截至 2022 年 6 月，在日外国人长期在留人数达 2669267 人，特别永住者 292702 人，合计在留外国人 2961969 人，与 2021 年年末的 2760635 人相比，增加约 20 万人，增幅达 7.3%。从国别构成来看，中国籍在留外国人仍居首位，达 744551 人（占比约 25.1%），而近年来越南籍在留外国人数量呈显著增长态势，目前已达 476346 人（占比约 16.1%）。

截至 2022 年年末，日本持有各类在留资格的外籍劳动者人数约 182 万人，创下历史新高，与 10 年前约 65 万人的规模相比，增加了近 2 倍。而且，在留外国人中约 60% 处于就业状态。

尽管外籍劳动者数量显著增加，日本劳动力市场仍面临巨大的供给缺口。预测未来每年日本人口将减少 70 万～100 万人。然而在接收外籍劳动者的政策方面，日本仍持相对保守的态度。随着亚洲各国经济的快速增长、日本经济的长期停滞，以及日元的持续贬值，日本作为外籍劳动者首选工作目的地的吸引力显著下降，劳动力短缺问题恐进一步加剧。

亚洲的饮食集合

针对外籍人士的需求，该打造一个什么样的地方才能真正帮到他们呢?

对此，手塚先生的回答是:“外国人希望可以解决日常食材的采购问题，对于他们来说，购买制作本国菜肴所需的食材是一件很麻烦的事情。除非特意从八王子前往进口食材店较多的新大久保采购，否则很难找到合适的地方购买。为此，ASIANS 特别汇集了亚洲各国的食材和调料，为外国人提供便利的采购渠道。此外，这家店还销售多摩地区的农民种植的亚洲特色蔬菜，进一步满足外国人的饮食需求。

“还有的外国人希望能够以实惠的价格品尝到本地料理，为此，我们推出了每人仅需 500 日元的自助午餐，吸引了众多食客。（笑）

“在这里，顾客还可以喝到来自亚洲各国的各种啤酒，这些啤酒均以成本价出售，没有附加餐饮店通常会有的利润。未来，我们计划开设语言教室和烹饪教室，并为有需要的外国人介绍律师。无论如何，我希望通过 ASIANS 这个平台聚集更多外国人。对于这份事业，我将倾尽毕生之力。

“我读过法国历史人口学家伊曼努尔·托德的著作，其中提到，法国接纳来自非洲的移民并实现同化，整整花费了三代人的时间。我不禁思考，日本是否也会经历类似的漫长历程呢？不过，世界本就充满了多样性，我并不是像托德写的那样想要同化他们，而是希望日本能够成为一个融合多元文化的国家，让不同背景的人们一起快乐地生活。比如我们的员工中有一位年轻妈妈，如果要等到她的孩子也有了孩子后才能实现所谓的‘同化’，未免过于荒诞了。若真是如此，那我恐怕到死都不能瞑目了。”（笑）

小小的实验场

2021 年，手塚先生对位于吉祥寺的公司进行了改造，打造了一个名为“小实验”的创新场所。吉祥寺曾是“最想居住的地方”

排行榜首位的人气街区。但是，随着这里人气不断攀升，地价、店铺租金也随之上涨，大量连锁店涌入，取代了原本充满个性的本地小店，街区原有的独特个性也逐渐消失。近年来，吉祥寺的人气明显下滑。

一个街区必须不断孕育新的文化和商业形态，持续塑造具有创造性的魅力，才能保持长久的吸引力和活力。然而，这些富有创意的人往往经济条件有限，所以必须设置让个人、小公司和个体小店负担得起的租金标准。基于这一理念，手塚先生在自己的公司内开辟了一个专供个人或小公司工作和活动的空间，将其命名为“小实验”。目前，这一空间已经被约 10 家店铺和公司作为艺术空间使用，为街区创新活力增光添彩。

“小实验”的空间设计也是由隈研吾事务所操刀完成的。虽然隈研吾因设计大型建筑而为人所知，但他在小型建筑的设计上同样游刃有余。隈研吾还曾受手塚先生委托，对其经营的一家小型烧鸟屋进行改建，充分展现了他在小规模空间设计上的独到功力。

“小实验”一角。

案例 7 从 100 年前的长屋开始创造地域文化

艺术繁盛的向岛

2022 年 10 月，为期一个月的艺术活动“隅田向岛博览会”在东京墨田区正式拉开帷幕。墨田区是东京 23 个特别区之一，以密集分布的小型制造业闻名，区内约有 2000 家加工制造工厂，主要从事印刷及纸制品加工、金属加工，以及传承自江户时代的传统手工艺产业。从 15 年前开始，越来越多的艺术家选择在墨田区定居或利用共享工作室进行创作，也多次在此举办艺术活动，此次隅田向岛博览会正是在这些艺术土壤的基础上诞生的。作为向岛未来城市建设发展方向的一环，它不仅是一场艺术展览，更是一种城市更新理念的实践。

我也去参观了这场令人激动的艺术盛会，虽然只停留了半日，未能完整参观活动的全部内容，但所见所感已经让我心满意足。

我长期居住在中央线沿线，那里也时常举办艺术相关活动，比如高圆寺的街头艺术节，这些活动无不体现着城市与艺术之间的深厚渊源。但与我以往参加的活动相比，隅田向岛博览会所带来的刺激与震撼完全是另一种层次的。与其说街道上遍布艺术作品，不如说连那些老旧的长屋（联排房）和商店本身也成了展品的一部分。这种将建筑与艺术融为一体的活动，在其他以住宅区为主的地方（比如杉并区）是很难实现的。

有趣的是，墨田区本来就是町工厂[1]聚集的街区，制作和生产在这里早已司空见惯。在这些制作现场，尽管物品本身并非艺术，却呈现出艺术般的质感。这种独特的氛围，或许就是墨田区和杉并区的本质区别。

这里有一个地方名叫“京岛站”。最初看到这个名字时，我不禁疑惑：“有京岛站这个火车站吗？怎么没听说过？”查看地图后确认，确实没有这个车站。后来我才得知，京岛站其实是由后藤大辉先生创立的公司。某天饭后，他与“空闲和梅爷株式会社”的同事一起给新公司取名，随性地起了这个谜一样的名字。这家公司附近有一家老字号米店，这家米店不仅是博览会的一部分，也成为后藤等人活动的据点。

京岛站既是博览会的接待处，也是重要的展示会场。这里有照片、影像等各种各样的展示手段，最令人吃惊的是，一楼日式房间的榻榻米破破烂烂，地板斑驳不堪，地下的泥土被挖了一米深，在挖掘的过程中雕刻出了（也有可能是挖出了）宛如雕塑般的奇特作品。挖出的泥土被装入袋子，整齐地堆放在室外。起初我以为博览会结束后会将土填回去，但 10 天后再次造访时，这些袋子已经被层层固定，俨然成为一件艺术品。更令人意外的是，墙上还贴出了招募客户在这里举办婚礼的启事。许多这样的老旧木造空屋和空店铺都被充分利用了起来。在杉并区，即使有空置的房子和店铺，也

① 指散布在街道上的小规模工厂或作坊。

墨田区自古以来就是町工厂聚集、充满人情味和烟火味的百姓生活区。照片中的长屋是我过去拍摄的，现在已经不存在了。

难以实现这样有趣的利用。

真切地感受到和故乡的邂逅

话说回来，后藤先生是何时又为何来到墨田区的呢?

后藤先生原本是一名影像家，出生于名古屋市郊的新城。学生时代，他居住在日本电影大学所在的川崎市新百合之丘。此后他曾在杉并区和谷中生活，但他希望找到一个既能进行影像创作又能居住，并方便与朋友聚会的场所。后来，经过东京艺术大学的熟人推荐，他选择在墨田区住了下来。

墨田区那些充满历史感的建筑与街道、规模恰到好处的商业街、古老的町工厂，以及保留着昔日地形的道路，让后藤先生一眼就喜欢上了这里。他说:“我真切地感受到了一种与故乡邂逅的感觉。”

后藤先生最初居住在明治大街沿线的一处长屋中，那里原本是一家经营卡拉 OK 的居酒屋，后来成为空置店铺。后藤先生将其改造成共享咖啡馆和住宅，并为其取了一个感觉与人类无关的名字——“爬虫馆分馆”。实际上，这里既没有爬虫，也没有所谓的本馆、分馆，完全是后藤先生的脑洞大开。

从那以后，后藤先生每年都会发现一两处新的空置房子或店铺，将其改造后转租，就这样误打误撞地开启了类似房地产行业的事业。虽然称之为“事业”，但由于他的本职工作是影像创作，改造房产最初并未带来实际收益，直到完成第四个项目——明治大道沿线的“三轩长屋”改造计划后，他才终于开始盈利，并逐渐将这项事业发展为主业。2019 年，他正式成立了“空闲和梅爷株式会社”。

2012 年，尽管天空树[①]已经开业一年，但墨田区的街道并未因为这一地标性建筑的光环而发生急剧变化。后藤先生回忆道：“由于察觉到变化的预兆，我认为已经不能再单纯地建造普通的新大楼、店铺或住宅了，现在到了把街道建设作为地区门面进行改造的绝佳时机。”

自从在这里定居，后藤先生发现从孩子到老人，各个年龄层的人都会和他打招呼，认识他的人也逐渐增多。他说：“在这里抚养孩子，乃至在这里老去，都不再令人害怕。这里给了我一种被保护着的感觉，成为让人安心的‘第二故乡’。”

想为正在消失的街道做点什么

2020 年，后藤开始策划并举办隅田向岛博览会。虽然受新冠疫情影响，去人群密集的商业设施和主题公园的人减少了，但选择漫步街道的人反而增加了。疫情非但没有阻碍隅田向岛博览会的举办，反而成了助推其成功的契机。

此外，因疫情导致工作减少的专业会展行业从业者们也为博览

① 又名“东京晴空塔”，于 2012 年 2 月 29 日竣工，高度 634 米。2011 年 11 月 17 日，被吉尼斯世界纪录认证为“世界第一高塔”。

会提供了不少支持和帮助。现在虽然疫情已经过去，他们也逐渐恢复了忙碌，但出于对博览会的兴趣，他们依然会抽空来帮忙。

2010 年之前，虽然也有艺术家在墨田区居住，但街道上几乎找不到充满艺术气息的场所，新开的店铺也寥寥无几。那时候，立花商业街散发着昭和复古的味道，电器店不知为何也在出售古老歌谣的唱片。不少店铺招牌上的字迹因岁月而斑驳模糊，显得意味深长。有些烤肉店只有 5 个座位，常客一坐满，新面孔连门都不敢进。

然而，2010 年之后，随着年轻人的迁入，咖啡馆、翻新的杂货店等逐渐增多。一些咖啡馆因为经营者有本职工作，只能在周末或晚上营业；还有一些咖啡馆只卖咖啡，不提供餐食。根据营业时间的不同，一些场所甚至发展出了“共享型咖啡馆”模式，经营者交替营业，白天供应咖啡，晚上则提供酒水和餐食。

将长屋改造为新店铺，重新激发街道活力。

不过，即便出现了这些新气象，拆除老屋、新建缺乏个性的拼装房依旧是无法回避的现实。街道上有几幢老旧的大杂院，房屋都已经倒塌了。

为了抵抗这一趋势，不仅是后藤先生，在向岛居住的都市规划家纸田和代先生也采取了行动。他买下了商业街中停业的面包店，翻新后交给有意创业的年轻人，二楼还可供居住。纸田先生还在面包店附近买了一块地，建造了一栋具有墨田区风格的两层长屋式木造建筑，计划将其改造成一个售卖健康熟食的社区空间。

7.2 慢节奏生活的兴起

这一节，我们将探讨一些以“Slow”（慢节奏的）为核心的案例。“Slow”是第五消费时代的特征之一，它所强调的人与人之间的深度沟通，与城市打造的理念是相通的。

案例 8　Slow Drink（慢饮）

率先对第五消费时代作出回应的是一家啤酒公司——麒麟集团。

麒麟集团前身是麒麟麦酒，是一家专注于啤酒生产的企业。20世纪 80 年代，麒麟麦酒的销售额占日本啤酒市场的六成份额，可以说，大部分日本人喝的啤酒都是麒麟麦酒。然而，随着越来越多消费者开始关注健康，许多人都选择戒酒，日本的啤酒销量在 1995 年达到顶峰后逐渐下降，如今啤酒的整体销量只有 1994 年的三分之一。即使是年轻时酒量颇佳的人，随着年龄的增长，饮酒量也会逐渐减少。

基于这一变化趋势，麒麟麦酒早在 60 年前便开始拓展清凉饮料的生产与制造，集团旗下的另一家公司虽然主营威士忌，但从 20 世纪 90 年代起，也增加了瓶装茶饮料、酸奶、健康食品的生产。与此同时，公司的名字也去掉了“麦酒”两个字，只保留了“麒麟”。原本以啤酒为主业的麒麟集团，正式转型为一家以综合食品和健康产业为核心的集团。

麒麟集团还发起了一个名为“Slow Drink”（慢饮）的活动。从这一举措中，我们也可以感受到时代的变化。进入第五消费时代，大量饮酒已经成为过去式。未来，酒类和烟草一样会被视为有害品而被人们所规避。新冠疫情期间餐饮行业营业时间的缩短，为无酒精饮料的普及提供了契机。所以，面对新的消费时代，麒麟集团提出了让人们和朋友一起一边慢慢享用喜欢的饮品，一边消磨时间的生活方式。

“Slow Drink”活动海报。

案例 9 Slow Sports（慢运动）

如今，社会上正在兴起一股慢运动和轻运动的潮流。日本已经步入超老龄化社会，无论是政府还是普通民众，都意识到在尽可能保持健康的前提下实现长寿，才是百岁人生的目标。最近的运动流行趋势显示，除了擅长运动的人积极参与各项运动，不擅长运动的人也开始根据个人能力积极参与，不追求速度，不追求排名，只为保持健康。

“慢运动”活动海报。

“世界放松运动协会”就是一个以推广慢运动和轻运动为宗旨、以“放松运动”为核心理念的协会。该协会在其网站主页上如此描述放松运动：这是一种不受年龄、性别限制，也不取决于运动天赋的全新运动方式，任何人都可以参与其中。在日本这样一个超老龄化社会，运动方面的“弱者”众多，因此，放松运动迅速成为一项全民参与的运动。它创造了多种多样的享受运动的方式，参与者无须在意胜负，跑得慢、个子矮都无关紧要，即使是残障人士，也能找到适合自己的运动项目。

除了上述特点，放松运动还具有以下几个显著区别于常规运动的特征。

第一，普遍性。放松运动通过规则而非障碍的设置，为所有参与者提供了平等的竞技平台。无论年龄、性别、运动能力如何，甚至身体存在不便，每个人都能全身心投入，享受竞技体育的乐趣。

第二，趣味性。放松运动致力于打造一种“笑声不断的运动”，让玩家和观众都能发自内心地享受乐趣。这种趣味性不仅体现在运动的名字和运动的过程上，而且连运动中的失误都能变成笑点。在这里，体育的最高追求不再是单纯的胜负，而是“趣味的最大化”，让不擅长运动的人也能大放异彩。

第三，低风险性。由于无须进行动作激烈的竞技，参与者受伤的可能性大大降低。此外，虽然各项运动都是“轻松的运动”，但却能带来“不轻松”的疲劳感，以及身心舒畅的效果。

第四，易操作性。放松运动操作简单，易于推广。既适合公司举办运动会，也适用于商业设施或社区进行推广。此外，它对空间的要求也相对较低。只需 3 平方米左右的空间，就能开展丰富多彩的活动。

第五，创新性。最初的很多运动都是协会自创的，经过不断积累，现在已经发展出 30 多种自创运动，以满足不同需求的人群。这些创新游戏不仅丰富了放松运动的内容，也为其注入了源源不断的活力。

参加放松运动的人们。

案例 10　52 间的缘侧

“52 间的缘侧”是一家养老机构，该机构因于 2023 年荣获 GOOD DESIGN AWARD 设计大奖而备受关注。

“间”是日本特有的长度单位，1 间约等于 1.82 米，52 间大约相当于 95 米。“缘侧”是日本传统房屋设计中的一个重要元素，是连接室内和庭院的檐廊。“52 间的缘侧”以其长约 95 米的檐廊为特色，檐廊上方的屋檐长长地延伸出来，既覆盖了室内空间，又延伸至室外，模糊了室外和室内的界限。

前文提到的立川 GREEN SPRINGS，就在空间设计上融入了

“缘侧”的元素。如今，建筑界正在重新审视“缘侧”，因为现在人们不再过分强调封闭的个人空间，而是追求与外界的连接，“缘侧”的设计理念恰好契合了这一需求。

我的母亲在养老院度过了晚年，我深知传统养老院往往只是将老人“关”在封闭的空间里，许多老人因而对养老院心存抵触。养老院若想吸引更多老人入住，首要任务便是避免将养老院设计成一个封闭的空间。

传统的养老院模式很难提升老年人的幸福感，因此，现在许多养老院经营者都在探索如何通过设计，更好地与外界产生自然的连接。基于这一理念，“52 间的缘侧”这样优秀的设计应运而生。

“52 间的缘侧”是一个能够和周边居民自然交流的场所，尤其注重与孩子的互动。周边的孩子经常在“52 间的缘侧”附近的树林中玩耍，因此，我们也可以把“52 间的缘侧”看作树林的一个附属设施，甚至是孩子们的游戏空间。

“52 间的缘侧”的超长檐廊。

孩子们在檐廊旁玩耍。

顺便一提，GOOD DESIGN AWARD 由日本经济产业省于 1957 年设立，是代表日本设计最高水平的奖项，其初衷是提升日本工业产品的设计能力，促进工业品走出日本，走向世界。近年来，获奖的大多是聚焦于应对超老龄化社会或促进人与人之间交流的项目。打开 GOOD DESIGN AWARD 的官网[①]，可以清晰地看到过去 70 多年设计领域趋势的变化。巧合的是，这一变化过程恰好对应了从第二消费时代到第五消费时代的特征。

案例 11 SOMPO 健康的儿童食堂

如今，日本的各个社区出现了越来越多的儿童食堂。设立这些食堂的初衷是解决部分家庭在育儿过程中的现实困难，特别是向经

① GOOD DESIGN AWARD 官网：https://www.g-mark.org/learn/gda/history。

济条件有限或父母下班较晚，无法及时照顾子女的家庭提供丰富、有营养的餐食。过去这类机构通常由非营利组织或志愿者运营，现在，越来越多的大企业也开始涉足儿童食堂的运营。比如，日本大手意外保险公司旗下的介护公司“SOMPO 健康”就在其经营的养老机构中设置了儿童食堂。

为什么 SOMPO 健康会涉足食堂事业呢？这源于 SOMPO 健康提出的三大企业目标：“用 SOMPO 的护理改变日本护理行业，创造日本的未来”“创造具备良好工作环境的社会”“创造 SOMPO 型护理”。目前，SOMPO 健康运营的 450 所机构内的食堂每月向儿童开放一次，为社区提供支持。

很多企业或个人习惯于将“少子化”和“老龄化”当成两个各自独立的问题去应对，但实际上，这两者早已深度交织在一起，单独思考任何一方都难以找到有效的解法。而儿童食堂恰好能够拉近两者之间的距离。SOMPO 健康正是抓住了这一点，才启动了这个项目。

事实上，为老年人提供服务是 SOMPO 健康的主业，涉及儿童的事业并非其专长。SOMPO 健康的初衷是探索如何促进跨世代的人们之间的交流，让老年人有机会接触原本没有什么交集的孩子们。在充分考虑双方利益的基础上，SOMPO 健康决定在其旗下养老机构内开设了儿童食堂。孩子们不仅可以在食堂吃饭，还可以参与配菜、收拾碗筷、消毒等体验工作，用餐结束后，他们还能与在养老机构生活的老人们一起做游戏。自 2023 年 11 月开设儿童食堂以来，已经有 14500 名孩子参与其中。

儿童食堂的开设，不仅提升了在机构生活的老人的活力，还增进了社区邻里间的交流，同时间接推动了 SOMPO 护理工作的可视化和社会认同，增强了员工的职业成就感。

自儿童食堂开设以来，在养老机构生活的老年人的生活状态发生了很大的变化。比如，一些平时连床都下不了的老人，会在儿童食堂开放日特意换上干净的衣服，坐着轮椅前往；而平时坐轮椅的老人，在和孩子们一起做游戏时，即使只能走两三步，也会努力从轮椅上站起来。儿童食堂像彩虹一样，成为这些老人的天空中一道亮丽的风景线。而且，由于很多老人都期待着每月儿童食堂开放的那一天，甚至一些机构的退租人数也减少了，在机构经营方面也产生了积极的促进作用。

儿童食堂活动现场。

这种大企业或政府为应对超老龄化社会提出解决方案的行为，正是第五消费时代一个非常重要的价值体现。社区交流与慢节奏生活相关事业的兴起，也是未来的商业发展趋势。我相信，只要普通民众、志愿者、企业和政府团结一致，为实现 Well-being 而努力，日本人的物质生活和精神生活都将变得更加丰盛、充实。

后 记

我一直非常喜欢孔子的《论语》。在市场营销领域，几乎无人不知马斯洛的需求层次理论。我认为这一理论实际上深受东方思想，尤其是孔子思想的影响。

在被大众熟知的马斯洛需求层次理论中，人类的需求被划分为生理需求、安全需求、社交需求、尊重需求和自我实现需求五个层次。而在马斯洛晚年，他在此基础上进一步提出了第六层需求，即自我超越。这一层次强调个体在实现自我之后，应进一步超越自我，关注他人和社会，以利他的精神追求更高层次的价值。也就是说，人不应仅仅满足于自身的成就，还应在行为中体现对他人、集体乃至社会的责任感。这不仅是个人成长的重要标志，更是人类需求发展的最高境界。

这正呼应了孔子在《论语》中所说的“七十而从心所欲，不逾矩”，这句话的意思是，人虽然可以随心所欲地做自己喜欢的事情，但不会做出扰乱社会秩序的举动，同时还能对他人有所助益。如果把这句话用于企业经营领域，就是企业在追求利润最大化的同时，不逾越社会规则的红线，并能为社会大众带来价值。

对消费者来说也是如此。人们在追求个人喜好、购买心仪商品的同时，不会给别人添麻烦，也不会对地球的环境造成破坏，甚至还有可能助力他人，为环保事业贡献一份力量。倘若能达到这样的状态，那就迎来了理想的第五消费时代。诚然，这样的愿景充满挑战，短期内似乎很难实现，但当下我们所生活的地球，环境遭受严重破坏，世界各地异常气象频发，这样的目标不应被视为遥不可及的幻想，人类必须逐步改善生产模式、消费模式和生活方式。

在本书的最后，我要衷心感谢一直支持我的中国朋友们。拙作《第四消费时代》于 2012 年在日本出版，2014 年引入中国后，受到了众多中国读者的喜爱，从 2017 年至 2024 年，我陆续收到了超过 100 场为中国企业经营者演讲的邀请。因为这些演讲主要围绕第四消费时代展开，后来逐渐有听众希望我能进一步分享关于第五消费时代的思考。

最初，我对第五消费时代的构想还处在探索阶段。然而，随着 2020 年新冠疫情大规模爆发，社会、生活和消费的诸多模式被迫改变，日本也因此出现了失业潮、收入骤减，甚至众多生命的逝去。疫情过后，我开始思考：未来的社会与消费将走向何方？正是这种反思，成为我构建“第五消费时代”理论的起点。所以，在已于中国出版的《孤独社会》一书中，我开始探讨第五消费时代的相关议题。在另一本还没有引入中国的拙作《重新思考：快速风土化的日本》中，我又进一步丰富了对于第五消费时代的阐述。

从2023年到2024年，我为中国听众做了数十场演讲，在这个过程中，我逐步完善了第五消费时代的概念，并最终形成了你手中的这本《第五消费时代》。虽然本书所呈现的内容仍称不上“最终版本”，但它已经构筑了一个坚实的思想基础。如果没有中国读者对拙作的喜爱、对我的演讲的高度认可，以及在各方面给予的鼓励，本书是不可能问世并呈现在大家面前的。

谨以本书献给中国读者，希望它能得到更多中国读者的关注与阅读，帮助大家从中找到可参考的解决方案。

图书在版编目（CIP）数据

第五消费时代 /（日）三浦展著；赵宇菲译 .
北京：新星出版社，2025. 4. -- ISBN 978-7-5133
-6036-4

Ⅰ . F014.5

中国国家版本馆 CIP 数据核字第 2025G4B367 号

第五消费时代

［日］三浦展　著　赵宇菲　译

策划出品　得到图书
责任编辑　汪　欣
策划编辑　师丽媛　翁慕涵
营销编辑　陈宵晗　chenxiaohan@luojilab.com
　　　　　　张羽彤　丛　靓　许　晶
装帧设计　尚世视觉
责任印制　李珊珊

出 版 人　马汝军
出版发行　新星出版社
　　　　　　（北京市西城区车公庄大街丙 3 号楼 8001　100044）
网　　址　www.newstarpress.com
法律顾问　北京市岳成律师事务所
印　　刷　北京盛通印刷股份有限公司
开　　本　880mm × 1230mm　1/32
印　　张　8.875
字　　数　189 千字
版　　次　2025 年 4 月第 1 版　2025 年 4 月第 1 次印刷
书　　号　ISBN 978-7-5133-6036-4
定　　价　69.00 元

发行公司：400-0526000　总机：010-88310888　传真：010-65270449